赢在股权布局

唐惊灵 著

中国商业出版社

图书在版编目(CIP)数据

赢在股权布局 / 唐惊灵著. -- 北京：中国商业出版社，2022.12

ISBN 978-7-5208-1919-0

Ⅰ．①赢… Ⅱ．①唐… Ⅲ．①企业管理－股权激励－研究 Ⅳ．①F272.923

中国版本图书馆 CIP 数据核字(2021)第 235418 号

责任编辑：谭怀洲
策划编辑：王　彦

中国商业出版社出版发行
（www.zgsycb.com　100053　北京广安门内报国寺 1 号）
总编室：010-63180647　编辑室：010-63033100
发行部：010-83120835/8286
新华书店经销
北京华创印务有限公司印刷

*

880 毫米×1230 毫米　16 开　16.5 印张　140 千字
2022 年 12 月第 1 版　　2022 年 12 月第 1 次印刷
定价：88.00 元

*****

（如有印装质量问题可更换）

序言：什么是股权？

股权即股票或股份持有者所具有的与其拥有的股票或股份比例相应的权益及承担一定责任的权利。股权的重要性，从本质上来讲，就是股权代表一定的权利。

什么叫股权？分了股份要有公司的控制权就叫股权；分了股份出去，没有控制权叫弃权。股份可以多分，股权不能乱放。

股权的 10 大权利：

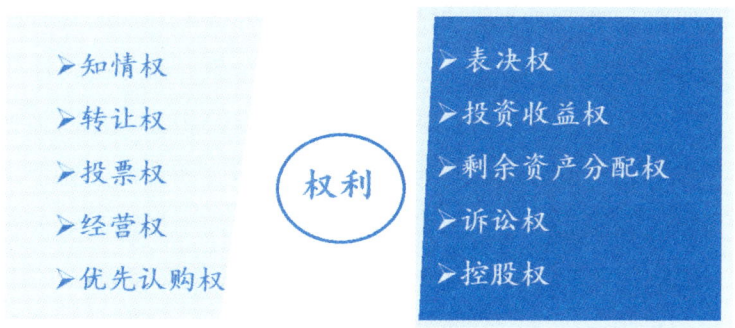

根据《中华人民共和国公司法》规定，股份持有者拥有以下权利：

1. 决策权。它是股东权利的一项核心内容，其依据是股东投入公司的资本额，包括决定公司的经营方针和投资计划，选举和更换非由职工代表担任的董事、监事，决定有关董事、监事的报酬事项，审议批准董事会的报告，审议批准监事会或者监事的报告，审议批准公司的年度财务预算方案、决算方案，审议批准公司的利润分配方案和弥补亏损方案，对公司增加或者减少注册资本作出决议，对发行公司债券作出决议，对公司合并、分立、解散、清算或者变更公司形式作出决议，修改公司章程等。持股比例的多少，决定了决策参与程度和影响力的大小。

2. 表决权。股东表决权，又称股东议决权，是指股东基于股东地位享有的就股东会、股东大会的议案做出一定意思表示的权利，分为普通表决权和特别表决权，是股东权利的主要体现，也是和股利分配请求权一样的股东核心权利。

3. 选择、监督管理者权。股东会是公司的权力机构，决定公司的重大事项，将经营权授予董事会和董事会聘任的经理，有权选择、监督、更换管理者。

4. 资产收益权。我国公司法规定：公司分配当年税后利润时，应当提取利润的百分之十列入公司法定公积金，并提取利润的百分之五至百分之十列入公司法定公益金。公司法定公积金累计额为公司注册资本的百分之五十以上的，可不再提取。公司的法定公积金不足以弥补上一年度公司亏损的，在依照前款规定提取法定公积金和法定公益金之前，应当先用当年的利润弥补亏损。公司在从税后利润中提取法定公积金后，经股东会决议，可以提取任意公积金。公司弥补亏损和提取法定公积金、法定公益金后所余利润，有限责任公司按照股东的出资比例分配，股份有限公司按照股东持有的股份比例分配。因此，股东有获得资产收益的权利。

5. 知情权。股东有权查阅公司章程、股东名册、公司债券存根、股东大会会议记录、董事会会议决议、监事会会议决议、财务会计报告，对公司的经营提出建议或者质询。

6. 优先受让和认购新股权。股东持有的股份可以依法转让，经股东同意转让的出资，在同等条件下，其他股东对该出资有优先购买权；公司新增资本时，股东有权优先按照实缴的出资比例认缴出资。

在当前创业创新发展的时代背景下，自主创业蓬勃发展，员工离职潮频现，人才流失现象严重，对企业选用与留住人才提出了诸多挑战。为了吸引和激发优秀人才继续奋斗，越来越多的企业开始引入股权激励制度，通过打造合伙人文化将员工变成"老板"，从而留住优秀人才。

对于大多数企业来说，要想获得上述效应，普遍的困难在于如何将股权激励落实到操作层面。本书总结企业管理中的问题，以及为多家企业成功实施员工股权激励的经验，从股权激励的原则、方法、作用以及具体的操作技巧等方面，为大家分享如何做好员工股权激励，如何在实行过程中把握控制权，以及如何进行股权融资。

推荐序：股权落地的核心价值

突如其来的疫情是近年来世界经济的"黑天鹅"事件，高通货膨胀、高失业率、高债务等席卷全球。世界经济哀鸿遍野，无数的实体步履维艰，资金链断裂，倒闭破产潮如病毒般蔓延……

世界进入百年未有之大变局。什么样的企业能在这样的环境中迎难而上，激流勇进？一定是那些由拥有正确的价值观的事业合伙人引领的企业。在寒冬中前行的永远都是那些合伙人机制完善的企业。阿基米德曾经说，给我一个支点，我就能撬起地球。而在商业生态中，股权往往是撬动一个新商业帝国的支点。从公司法的角度而言，股权是有限责任公司或者股份有限公司的股东对公司享有的人身和财产权益的一种综合性权利。在企业经营中，股权是股东基于其股东资格而享有的，从公司获得经济利益，并参与公司经营管理的权利。在公司的起步阶段，股权往往成为撬动公司前进的重要力量。

伴随着从制造业大国到创新性大国的发展，在市场经济的推动下，公司制合伙人成为企业组织重要的构成。当前，我国已进入了合伙创业的新时代。创始人需要可以并肩作战的合伙人，而核心创业团队之间建立"共创+共担+共享"、阳光透明、相对公平合理的合伙创业文化，做好合伙人股权分配，有利于吸引合伙人。

在疫情下企业合理的股权架构布局优势越发明显。优秀的企业用股权的力量，凝聚军心，降低成本。"成也股权，败也股权"，股权的设计

推荐序：股权落地的核心价值

是否合理将从根本上影响相关各方的利益安排，直接关系着公司的生死与未来。股权设置显得尤为重要。

在传统的股权类图书中重理论偏实战，主要对公司治理进行事实描述及问题归纳，缺乏解决方案，而本书是唐惊灵多年的股权研究成果，里面针对股权的道、法、术、器齐全，是为创业者量身打造的股权良方，给无数创业者提供股权配置的具体方案。

因此当我拿到原稿，读完书中的序曲时，便忍不住赞叹笔者的真知灼见，因为这的确是创业者所需要的第一堂课。从创业者的维度，唐惊灵出版这本书，与更多的朋友分享如何找好合伙人，从真正的白手起家开始你的创业旅程。希望大家在阅读完这本书后，能够理解到股权架构的真正核心价值。谁说没有资本不可以创业？只要你的想法正确，这本书或许就会变成你合伙创业的最佳实战手册。

刘永好

2021.8.15

目 录

第一章
股权设计——中小企业股权设计的重要性 1

第一节　为什么说股权是企业的生命线 2

第二节　不懂股权设计合伙的风险 7

第三节　合伙人股权设计经常出现致命错误 11

第四节　合伙人股权设计的成败案例 17

第二章
股权控制——以控制权为核心的股权布局 22

第一节　股份可以多分，股权不能乱放，控制权"三条黄金控制线" 23

第二节　创始人不被架空，掌握控制权顶层设计的操作方式 33

第三节　以控制权为核心的合伙股权设计 46

第四节　合伙人股权控制案例与实操 51

第三章
股权融资——中小企业的融资方式 68

- 第一节 中小企业内部融资的方式 69
- 第二节 中小企业外部融资方式 73
- 第三节 股权转让与增资扩股的实际应用 79
- 第四节 融资案例——企业内外部融资方法与实操 87

第四章
激励机制——中小企业股权激励落地设计 96

- 第一节 中小企业为什么必须做股权激励 97
- 第二节 股权激励方案怎么设计 106
- 第三节 中小企业如何在不增加薪酬的情况下留住并激励人才 111

第五章
激励实操——中小企业股权激励落地实操细节 116

- 第一节 中小企业如何导入股权激励 117
- 第二节 股权激励的实施方法 132
- 第三节 激励落地——股权额度分配方案与个人绩效考核方法 140

第六章
激励方案——中小企业对人才进行股权激励的方式以及案例 151

- 第一节 不同类型的中小企业用什么样的股权激励方式 152
- 第二节 内部激励人才,分配机制如何设计 155

第三节　中小企业财务不公开如何对人才实行股权激励 …………… 162

第四节　企业对人才实行股权激励需要注意哪些问题 ……………… 165

第五节　中小企业人才激励实务与案例 ……………………………… 172

第七章
落地方案——落地股权激励方案及相关协议讲解 …………………… 175

第一节　实操中小企业股权方案案例 ………………………………… 176

第二节　股东合伙，内部人才激励需要签哪些协议 ………………… 198

第三节　竞业禁止协议与公司章程 …………………………………… 234

第一章

股权设计
中小企业股权设计的重要性

  股权设计犹如企业大厦的架构，需要根据公司的战略与商业模式的落地需求提前做好设计。股权架构是每个企业应该关注的大事——有公司的历史就是有股权的历史，股权伴随每个企业的生命周期的每个阶段。工业化时代企业成功在于善用经理人，互联网时代企业的成功在于善用股权。可以说，企业在不同的成长阶段，都会遇到不同的股权问题，所以股权设置是创业者的必修课。

第一节　为什么说股权是企业的生命线

人才是企业未来的核心竞争力，大多数企业也认识到了人才的重要性，但是如何发挥人才的主观能动性，把人才的价值发挥到最大，这就是我们要说的股权机制。

企业股权系统不完善的企业存在以下隐患：

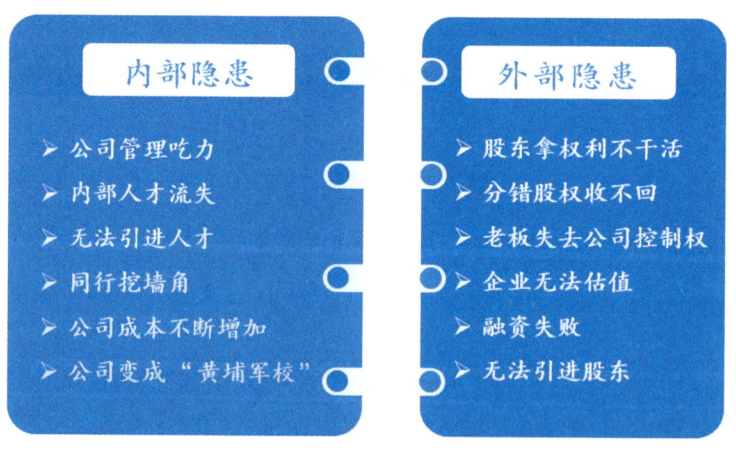

股权机制主要包括股权激励、股份分配、股份与资金来源、激励目的、激励模式、激励对象与考核、股份管理，等等。没有股权机制企业就没有真正的留人机制。股权是企业的生命线，也是每个老板的必修课。

股权机制具有三方面的价值，下面我们来分别说明。

第一章
股权设计——中小企业股权设计的重要性

1. 对于公司顶层的重要性

我们知道,股权系统最早主要存在于上市公司中,上市公司的股权制度也比较完善。然而,随着公司治理的不断发展,越来越多的非上市公司也在考虑采取股权激励和股权控制的方式来吸引和留住人才。

一般来讲,对公司顶层的核心员工实行股权激励,有利于完善公司的薪酬结构,从而吸引、保留、激励优秀的人才,实现多方共赢。同时,对非上市公司,尤其是创新型企业来讲,股权激励往往具有更加重要的作用。

那么,我们来看一下什么是股权系统:

股权系统有利于缓解公司面临的薪酬压力。由于绝大多数非上市公司都属于中小型企业,它们普遍面临资金短缺的问题。因此,通过公司顶层股权激励的方式,公司能够最大程度地降低经营成本,减少现金流出。与此同时,也可以提高公司的经营业绩,留住绩效高、能力强的核心人才。

2. 对于股东的重要性

股权制度除了对公司顶层的重要影响之外,还体现在对公司股东的重要性。股权制度对原有股东来讲，有利于降低职业经理人的"道德风险"，从而实现所有权与经营权的分离。

中小型股份制企业往往存在一股独大的现象，公司的所有权与经营权高度统一，导致公司的"三会"制度等在很多情况下形同虚设。随着企业的不断发展壮大，经营权将逐渐向职业经理人转移。由于股东和职业经理人追求的目标具有不一致的特点，股东和经理人之间存在"道德风险"，需要通过激励和约束机制来引导和限制经理人行为。

老板分给员工股份的背后，其目的是为了防止经理人的短期行为。作为企业的代理人，经理人的使命注定了他不会过多地考虑企业的长远利益，但是如果给了经理人股份，那么他和老板就成了一个利益共同体，所以分的不仅是短期利益，还有长远利益，这就可以很好地防止经理人的短期行为。

如果不能把经理人变成自己人，那么经理人可能就会利用自己和老板之间的信息不对称、利益不对称、资源不对称等各种手段，采取短期行为达成自己的短期利益，却伤害了企业和老板的长期利益，然后拍屁股走人，留下一个千疮百孔的企业给老板。而一旦经理人和老板的利益是一致的，经理人就会以主人的心态安排企业的行为，避免短期行为，保证企业的良性运行，从而保护企业的资产，促进企业健康发展。

通常，员工和老板这两个不同的群体，因为所处的位置不同，代表的利益不同，所以虽然同在一家企业，却往往是对立的，各怀心思，而股权激励可以改变这种对立的状况，让员工和老板因为有了共同的利益而心向一处。这样的结果缘自股权激励符合了人性、尊重了人性。

我们说股权激励是顺应人性，而不是满足人性。在股权激励中，要避免人性中的恶，才能更好地发挥股权激励的作用。

3. 对于团队的重要性

许多人存在轻视别人的弱点且总能找到理由的情况。比如，城里人轻视农村人，南方人轻视北方人，有钱人轻视穷人，开车的轻视走路的，走路的轻视扫路的，吃饭的轻视做饭的……总之，就是不会相互尊重。

这种互相轻视的现象存在于企业里，就表现为硕士生轻视本科生，本科生轻视大专生，大专生轻视中专生，干部轻视员工，办公室的轻视车间的。更可悲的是，市场部的轻视技术部的，技术部的轻视市场部的。

到企业随便一转，你就能听到这样的声音："他们研发部的水平太烂，你看开发出来的是什么东西？""他们市场部的没素质，连走路都是横着走的。""那个财务部的，个个都是铁公鸡，一毛不拔……都是一个公司的，别人不行要伸手帮忙，站在那里说风凉话能解决什么问题呢？"

这就是典型的漠视团队、缺乏团队精神的表现。我看到很多职业经理人其实很不"职业"，也谈不上敬业，更谈不上团队精神，把个人或者部门凌驾于整个团队之上。开会讲话都是"我们市场部""他们技术部""他们物流部""他们财务部"，听起来不像是一个公司的，倒像是敌对分子。

这就到了股权激励发挥作用的时刻了。通常，比较有效的做法是老板会选择给员工股份。比如企业去挖人，一般会说："你在这里干多长时间都还只是个员工，你来我这里，我给你股份。"这样就很容易把人挖过来，而从这个角度看，给股份是很容易引起共鸣的。

股权系统的五大价值如下：

股权系统的5大价值

1. 可以明晰股东之间的权责利
2. 有助于维护公司和创业项目稳定
3. 增资扩股时,股权要稀释,有助于确保创业团队的控制权
4. 融资时,投资人会重点考察公司股权结构是否合理
5. 进入任何资本市场,无论是新三板还是IPO,也会考察股权结构是否明晰

股权制度对于团队来讲,有利于激发团队成员的积极性,实现自身价值。实践证明,实施股权计划后,由于员工的长期价值能够通过股权激励得到体现,员工的工作积极性会大幅提高,同时,由于股权的约束作用,员工对公司的忠诚度也会有所增强。

第二节 不懂股权设计合伙的风险

公司实施股权制度，对公司顶层、股东、团队都具有重要的意义！所以，为了平衡企业的长期目标和短期目标，企业在创业和发展的过程中，要结合企业的实际情况来合理设计企业的股权制度。如果企业不懂股权设计合伙，将存在着诸多风险。

1. 兄弟式合伙，仇人式分家

"兄弟式合伙，仇人式分家"这样的创业悲剧比比皆是。热火朝天地开始，打打闹闹地结束；开口不谈钱，肚子里想着钱，目的还是去分钱，最终闹得不可开交。

如果我们前期在合伙创业的时候，股权设计不好，分配不均，随便分，导致后期我们的企业一旦做大，就会经常因为钱，让哥们儿变成了仇人。因为创业初期的时候，大家并没有赚到钱，对于分钱的欲望不是很强，但后期赚到钱了就会因为钱的问题导致哥们儿关系的破裂。所以，股权布局与设计在创业初期是十分重要的。

2. 创始人失去控制权成为光杆司令

股权布局不好，创始人则会失去控制权。就像典型代表宝能系万科以及雷士照明，就是过度地分散股权，不掌握企业的核心控制权，慢慢地就不当家，控制不住企业。公司的股权是什么？公司的股权是政权，掌握不了公司的政权就不能当家。

这种高度分散型股权结构，又称团队博弈型股权结构，是指所有权与经营权基本分离，公司股权分散在大量小股东手中，且持股比例相差不大，单个股东所持股份的比例大都在10%左右，没有核心大股东。

"高度集中"固然有其弊端，但过度分散的股权结构也同样问题重重。从高度集中到过度分散，很有可能是从一个极端到另一个极端。看似相互制衡的股权结构，实际上因为有着大量小股东的存在，容易引发公司管理层道德危机，使公司各项决策变得异常复杂，公司大量的精力和能量消耗在股东之间的博弈中。而每个股东由于拥有的股份很少，往往会产生"搭便车"的心理，即自己不愿花大力气去关心发展，监督经理人员的行为，而希望别的股东花大力气去这样做，自己坐享其成。

以美国为例，美国超过50%的公众公司，其最大股东持有的公司股份常常低于公司总股份的5%，这种极度分散的股权结构事实上造就了"内部人控制"现象的广泛存在，即筹资权、投资权、人事权等都掌握在公司的经营者手中，即内部人手中，股东很难对其行为进行有效的监督，成为经理中心主义的典型。

3. 股东内耗，离心离德，同室操戈

同床异梦，同室操戈。前期的时候大家分得还好，后期随着企业的壮大，利益分配出现不太合理的情况，就会有人出现问题，我贡献大，我出力多啊，但是我的股份比较少。

这种问题到达一定程度就会有人不愿意干活，从而出现其他想法。

4. 企业发展受限，无法做大

企业前期股权设计不合理，企业很难做大；再好的项目，股权架构设计不合理，企业也很难做大。因为企业一旦做大，本来这个项目挺好，就因为股权设计不合理，导致企业倒闭。

5. 人才流失

人才流失的根本原因是什么？

优秀的人才，没有股权进不来。前期因为股权分配不均，大家都不愿意分配股权给这些人，这些能人进不来，企业就做不长。

6. 企业失去融资能力

股权架构设计不合理，给你投资的人也不愿意给你钱，而且你也没有一点合理的股权拿出来融资，企业一旦有资金注入，就会有大的裂变。企业可能会因为股权结构不合理，而失去融资的能力。

7. 失去合作机会

本来我们可以很好的合作，整合上下游资源，就是因为企业没有更长远的价值，以前愿意和你长久发展的企业也不愿意和你合作了。

8. 影响上市大计

本来企业挺好，团队也挺好，无法上市就导致无法走进资本市场，中国最典型的，早就应该上市的却没有上市的股权架构就是真功夫。我们在合伙股权当中布局与设计不好，就容易出现问题。

总之，创业的基础之一是团队和股权结构。但基础靠什么来维系？靠感情？在利益出现的时候，感情犹如蚍蜉撼树，苍白无力。只有事先设计好股权架构并落实在纸面，才是化解危机，让企业走得更远的上乘之策。

第三节 合伙人股权设计经常出现致命错误

过去有的创业者一人包打天下,不需要考虑合伙人的股权问题。如今,共享经济时代,做小事靠自己,做大事靠团队,单打独斗做不大、做不强。

合伙创业的新时代,合伙创业成为互联网时代成功企业的标配。

老板和员工都必须学习和重视股权设计的常识。

设计股权的5大核心问题:

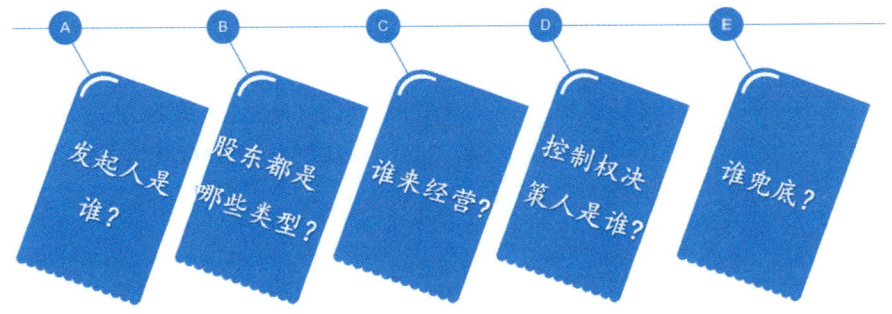

关于合伙人股权设计,要做到前车之覆,后车之鉴。我多年的落地经验和企业实战经验,总结出合伙人股权设计经常出现的致命错误,你中招了吗?如果中招了,要以此为鉴。

90%企业都存在以下股权系统问题

1. 股权类型没有分清楚
2. 财务管理不完善
3. 股东权责利不清楚
4. 没有带头人，无控股权
5. 家族亲戚没有分清楚"互相拆散"
6. 选合伙人，口头说，没签协议
7. 分红奖励股、期权股、原始股没有分清楚
8. 用公司借钱投资与外部欠款导致秋后算账
9. 增资扩股时间段与进入规则机制不清晰
10. 退出红线机制不明确

1. 股东中没有大家都信服的决策者

企业的股权架构设计，核心是决策者的股权设计。决策者不清晰，企业股权设计就无法分配。创业初期，要么一开始就有清晰明确的决策者，要么就磨合出一个决策者。很多公司的股权战争，缘于决策者不清晰。

比如，真功夫、雷士照明、汽车之家、当当网，企业有清晰明确的决策者，并不必然代表专制，而华为、小米、京东……这些互联网企业也都有清晰明确的决策者对公司的控制力。创业团队的决策机制，可以民主协商，但意见分歧时必须集中决策，一锤定音。

2. 只有员工，没有合伙人

在过去，很多创始人是一人包打天下，在现在，新东方三驾马车、腾讯五虎上将、小米八大金刚……我们已经进入了合伙创业的新时代。

创始人单打独斗，心力难支，合伙人并肩，兵团作战，共进退才能胜出。创始人需要寻找在产品、技术、运营或其他重要领域可以独当一面的同盟军。

"初创企业合伙人的重要性胜过风口的商业模式"，这话并不为过。在实践中，有很多创业者问如何作"员工"股权激励，但很少有创业者问如何作"合伙人"股权设计。即便有些创业者意识到合伙人的重要性，但你见到他们公司的股权架构时就会发现，上边还是"慈禧"，下边还是"义和团"。他们认为的重要合伙人，很少持股。合伙创业，合伙人既要有软的交情，也要有硬的利益，这样才能长远。只讲交情，不讲利益，或只讲利益，不讲交情，都不利于长久发展。创业者选择合伙人，不能抱着试试看的态度来挑选，也不能凭自己的感觉行事，必须从多方面来考虑自己的真正需要，充分对照自己的创业环境和自身的利益来评判。

3. 股东完全按照出资比例分配股权

现代企业出资中，除了资金还有劳务、专利、知识产权等，所以完全按照出资多少分配股权是不合理的。

如果把创业看成一场远距离拉力赛，赛车手最后可以胜出的原因，至少包括跑道的选择、赛车手的素质与跑车的性能。跑车赖以启动的那桶汽油，肯定不是胜出的唯一重要因素。创业企业合伙人的早期出资，就好比那桶汽油。在过去，如果公司启动资金是100万元，出资70万元的股东即便不参与创业，占股70%是常识；在现在，只出钱不干活的股东"掏大钱，占小股"已经成为常识。在过去，股东分股权的核心，甚至唯一的依据是"出多少钱"，"钱"是最大的变量。

在现在，"人"是股权分配的最大变量。我们见到，很多创业企业的股权分配，都是"时间的错位"：根据创业团队当下的贡献，去分配公司未来的利益。创业初期，不好评估各自的贡献，创业团队的早期出资就成了评估团队贡献的核心指标。这导致有钱但缺乏创业能力与创业心态的合伙人成了公司大股东，有创业能力与创业心态但资金不足的合伙人成了创业小伙伴。

笔者建议，全职核心合伙人团队的股权分为资金股与人力股，资金股占小头，人力股占大头。人力股要和创业团队四年全职的服务期限挂钩，分期成熟。对于创业团队出资合计不超过 100 万元的，笔者建议，资金股合计不超过 20%。

4. 没有签署股东合作协议，秋后算账

许多创业公司容易出现的一个问题是在创业早期，大家一起埋头拼，不会考虑各自占多少股份和怎么获取这些股权，因为这个时候公司的股权就是一张空头支票，但等到公司的前景越来越清晰时，早期的创始成员会越来越关心自己能够获取到的股份比例，而如果在这个时候再去讨论股权怎么分，则很容易导致分配方式不能满足所有人的预期，导致团队出现问题，影响公司的发展。所以，在创业早期就应该考虑好股权分配，签署股东合作协议。

5. 合伙人股东股权没有退出机制

公司在发展过程中总会遇到人员的波动，如果没有退出机制，很容易导致股权纠纷。例如，持有公司股权的合伙人因健康、家庭变故或能力等原因无法胜任合伙企业的工作，离职时不想退股，其他合伙人不同意，却由于事先没有约定合伙人的退出机制，对合法回购退出合伙人的

股权束手无策，这样就很容易导致股权纠纷。

6. 外部投资人对公司控股

无论是激励还是众筹或融资，都涉及股权出让。如果运营不好，创始人可能失去对公司的控制权。

前几年最出名的"万科股权之争"最激烈的时候，随着恒大举牌的加入，万科、华润、宝能、恒大多方混战愈演愈烈。面对宝能系强势举牌成为万科第一大股东，王石明确表态不欢迎，万科创始团队陷入了失去公司控制权的危险境地。

外部投资人控股存在很多问题，不利于公司的长期发展。

首先，创始团队感觉是在为别人打工，没有足够的工作动力；其次，没有预留足够的股权利益空间吸引优秀的合伙人加入，影响公司的长远发展；最后，外部资本对公司的实际经营状况了解有限，容易做出错误的决策。

7. 给兼职人员发放大量的股权

我们看到，很多初创企业热衷于找一些高大上的外部兼职人员撑门面，并发放大量股权。但是，这些兼职人员既投入的时间少，也没承担创业风险，股权利益与其对创业项目的参与度、贡献度严重不匹配，性价比不高。这也经常导致全职核心的合伙人团队心理失衡。

兼职人员都是短期利益追求者，不应该按照合伙人标准发放股权，但对于一些技术优秀，对公司有重大贡献的兼职人员，可以按照外部顾问标准给予少量股权。

8. 给短期资源承诺者发过多股权

初创时期的公司,可能要借助很多资源才能发展起来,这个时候为了获得资源,创业者往往会向资源提供者许诺股权,把他们变成合伙人。而实际上,创业是一个艰辛的过程,公司价值的实现需要整个创业团队长期、全身心的投入。但资源提供者一般喜好追求短期利益,不可能全职参与创业,建议优先考虑合作方式,给予项目提成,而不是股权绑定。

9. 没有给未来人才预留股权

公司的发展离不开人才,股权是吸引人才加入的重要手段。创始人最初分配股权时就应该预留一部分股份放入股权池用于持续吸引人才和进行员工激励。原始创业股东按照商定的比例分配剩下的股份,股权池的股份可以由创始人代持。

10. 配偶股权没有退出机制

全职直接参与公司运营管理的核心团队,是创业合伙人。容易被忽视的是,创业合伙人的配偶,其实是背后最大的隐形创业合伙人。中国的离婚率近年有上升趋势,创业者群体的离婚率可能高于平均水平。

根据中国法律,婚姻期间的财产属于夫妻共同财产,除非夫妻间另有约定。创业者离婚的直接结果是,公司实际控制人发生变更。土豆创始人王薇因为配偶股权纠纷,影响了土豆的最佳上市时机,为此付出了巨大的成本。

第四节 合伙人股权设计的成败案例

案例一：走出"中年危机"，万科事业合伙人制度

早在古罗马时期，我们就可以从"二人以上相约出资，经营共同事业，共享利益，共担风险"的合同条款中发现"合伙制"的痕迹；中世纪时期，在意大利商港形成的康曼达契约，已经使合伙人概念趋于成熟。

在现代社会中，大量的专业知识型企业，如律师事务所、会计师事务所、咨询公司等都实行合伙制度。而在基金、信托领域，这一方式更是备受推崇。在目前的中国，领先企业如万科等，也都在这种模式的基础上，根据公司自身情况进行改良创新，推出了更适合企业发展的合伙制。

万科成立于1984年5月，总部位于中国深圳市盐田区大梅沙环梅路33号万科中心，是全国首个年销售额超千亿元的房地产公司，也是中国最大的专业住宅开发企业。2016年上半年，万科营业收入747.95亿元，同比增长10.42%；归属于上市公司股东的净利润53.51亿元，同比增长10.42%。

但在业绩蒸蒸日上的背后，万科也曾遭遇过数次重大危机。2010—2012年，万科人事动荡在部分区域公司管理层蔓延，多名高管离职、产品问题频现、销售下滑、人心不稳，被万科总裁郁亮戏谑地喻为遭遇"中年危机"。

为了走出"中年危机",万科积极调整管理战略,对雇佣制下的职业经理人机制进行革新,去除雇佣制的弊端,在雇佣制共创、共享的基础上增加风险共担,推出"共创、共享、共担"的事业合伙人制度。

万科事业合伙人制度主要包含以下内容:

类 别	适用人员	主要内容
项目跟投	一线公司管理层及项目管理人员,公司董事、监事、高管等	员工初始跟投份额不能超过项目资金峰值的5%,公司将对跟投项目额外受让跟投,其投资总额不超过该项目资金峰值的5%;项目所在一线公司跟投人员可以在未来18个月以内,额外受让此份额。受让时,按照中国人民银行同期同档次贷款基础利率支付利息(这一点很贴心)。另外,项目所在一线公司管理层和该项目管理人员是必须跟投人员
持股计划	一定级别的管理人员以年终奖购买公司股票	公司董事、监事及高管,总部及地方公司一定级别以上的管理者参与持股记挂;高管购买有下限、雇员购买有上限
生态链合伙人制	产业链上下游	施工单位等产业链上下游企业对参与项目进行一定比例的跟投

通过上述计划,万科重新界定了公司与员工的关系,将公司的业绩、股市的表现、投资的风险与员工、产业链上下游人员联系在一起,使所有人员都朝一个共同的目标努力,杜绝一切浪费、舞弊现象和疏忽大意、无所作为的行为。员工的收入也不再仅仅靠个人绩效考核来定,而是与公司的收益、项目的收益紧紧捆绑在一起,由雇佣体转变为利益共同体、事业共同体、命运共同体,让参与者在享受更多增量收益的同时承担风险,防止优秀人才的过度流失,提升管理层、员工和公司的黏合度,提升公司的运营效率。

案例二:"泡面吧"股权纠纷,"未来之星"的陨落

我们再来看下一个案例——"泡面吧"股权纠纷,一个未来之星的中国式陨落。

在签署风险投资协议的前夜,趣味编程教育网站"泡面吧"的三个创业合伙人因为股权之争,最终决裂,使一个冉冉升起的未来之星遭遇了"中国式陨落"。

2012年1月,"泡面吧"创始人俞昊然申请注册"paomianba.com"域名,同年4月构思完成"泡面吧"项目的创意,即一家面向中文用户,采用伴随式教育的概念,让用户可以像吃泡面一样更高效、更主动地进行学习的在线计算机教育平台;同年12月,俞昊然设计"泡面吧"商标,并邀请其在美国伊利诺伊大学香槟分校的学弟参与"泡面吧"早期版本的开发。

随后,按照项目开发需要,俞昊然陆续邀请了严霁玥、王冲加入团队,由严霁玥负责人力资源、财务、法务、行政工作,由王冲负责内容开发者关系维护与融资工作中的投资者关系维护。

2013年底,"泡面吧"引入天使投资英诺天使基金,融资100万元,同时,成立了众学致一网络科技(北京)有限责任公司,"泡面吧"正式推出,俞昊然、王冲、严霁玥为联合创始人。

在公司成立之初到成立之后的很长一段时间内,俞昊然因为要在美国上学,无暇顾及公司事务,也未被告知公司股权结构、注册资本。2014年6月,俞昊然委托律师向工商登记主管部门查询才得知,公司登记成立时,股权结构为:王冲持有65%的股份;严霁玥持有10%的股份;自己持有25%的股份。

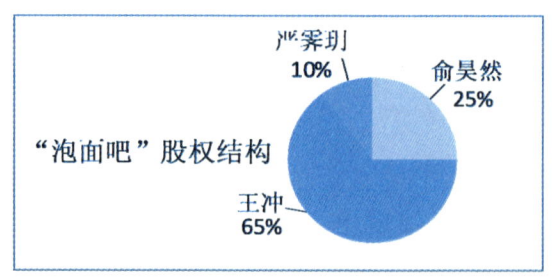

一直以来，俞昊然都认为自己是"泡面吧"当仁不让的老大，应该持有公司最大的股权，但看到一切并不是想象中的那样，他感觉自己的主导权被剥夺，开始对合伙人王冲产生怀疑。

按照王冲的解释，引进天使投资时，因为天使投资人要求有一个绝对的控股股东，全职工作，而俞昊然要在美国留学，大家为了能够成功融资，同意这样的股权分割方案，他做大股东。之后，进行新的融资时，先稀释王冲的股份，直到股份比俞昊然高1%时，再同时稀释两人的股份，一直到与严霁玥的股份接近。最终的结果是，三人的股份大致相当。

俞昊然的说法却截然不同，他介绍到，在引进天使投资之前，他与王冲曾口头约定，为满足天使投资人要求，王冲暂为第一大股东，等天使资金入账之后，两人的股份对调。而出于信任对方，两人并未将这些约定记录成文字。

这样基于相互信任的口头协议，最后却让双方互不信任。

2014年6月17日，"泡面吧"A轮融资走到了最后一步，他们收到了多家投资机构给出的风险投资协议书，俞昊然和王冲等人只需在协议书上签字，将以20%的股权，获得超过200万美元的A轮投资。

但就在对协议条款进行逐条分析时，他们又发生了分歧。俞昊然首先提出质疑："作为这家公司最早的创始人、核心技术人员，我为什么不能当最大的股东？"并且按照天使投资前的约定，A轮融资时，他的股份将与王冲的对调,重新成为第一大股东。王冲则提出稀释股权,最后他与俞、严二人股份相当,并坚持自己的股份比俞的多1%。

双方争执不休,都不肯让步。

之后一周左右的时间里,最初的天使投资人王晟数次找到俞昊然、王冲等人,希望劝和,王冲也做出了较大让步,但最终还是失败了。

实际上,俞昊然和王冲曾经有机会避免这一切的发生。

"泡面吧"项目启动之初,俞昊然曾与创始团队拟定了一份"君子协定",详细规定了每个创业成员的职责、股份、期权,以及公司的5年规划、决策机制等,并且专门找律师朋友咨询过目,确定没有法律表述问题。

2013年5月15日,俞昊然等人开始在这份"君子协定"上相继签字。但是,直到当年8月,这份看上去很美好的"君子协定"仍未签完。

"其实当时要把这个签了,可能就不会出现现在的这些事情了。"俞昊然有些后悔。

可是世上没有后悔药可买,这个原本可以形成燎原之势的"星星之火"就此熄灭,也给创业者上了深刻的一课:创业的基础之一是团队和股权结构。但基础靠什么来维系?事先设计好股权架构并落实在纸面,是化解危机,让企业走得更远的上乘之策。

第二章

股权控制

以控制权为核心的股权布局

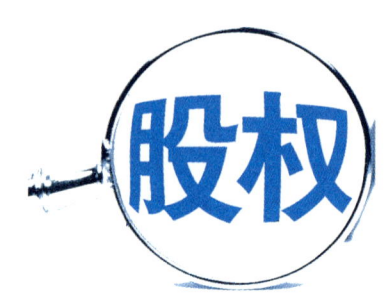

　　控制股权是指一个公司拥有另一个公司的大部分或较集中数量的股票，取得对该公司的控制权益。也就是指一个公司拥有另一个公司全部股票的 50%以上，或者虽未掌握该公司半数以上的股票，但拥有相当数量的股票，在选举、表决中占据控制的地位。例如，拥有操纵实力的股东可利用选举权，选出该公司的董事会，利用表决权，左右该公司的方针、政策，从而控制公司的经营大权、所有资源与用人权等。在企业合伙人机制中，以控制权为核心的股权布局，成为很多企业创始人控制企业的重要方式。

第二章
股权控制——以控制权为核心的股权布局

第一节 股份可以多分，股权不能乱放，控制权"三条黄金控制线"

控制权是创始人稳定公司的基石。一般而言，创业初期股权的分配比较明确，结构比较单一，几个投资人按照出资的多少分得相应的股权。但是，随着企业的发展，必然有进有出，必然在分配上会产生种种利益冲突。同时，在企业中，还存在许多隐名股东干股等特殊股权，这些不确定因素加剧了公司运作的风险。

我们来看一个案例：

1998年底，吴长江出资45万元，他的另外两位同学杜刚与胡永宏各出资27.5万元，以100万元的注册资本在惠州创立了雷士照明。

雷士照明的股权之争，主要分为四个阶段：

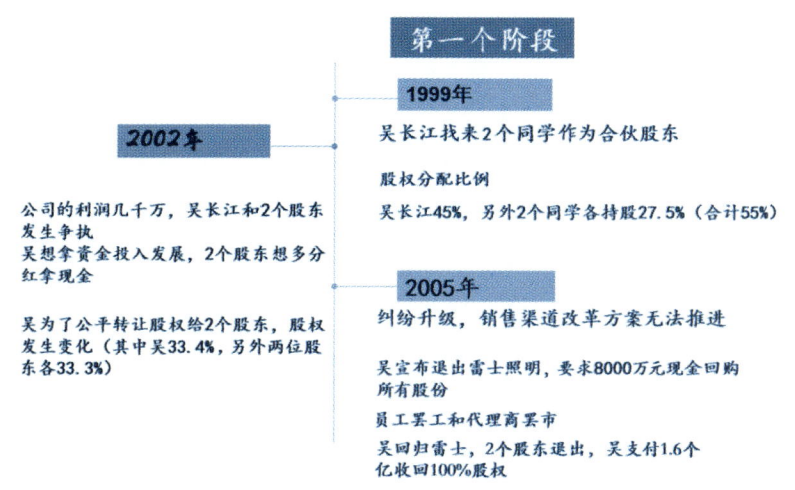

23

赢在股权布局

2006-2008年，为买下两位创始人的股份以及收购世通投资有限公司，吴长江掌管的雷士不断地募集资金，引入包括软银赛富、高盛等投资者的资金。同时，吴长江的股权不断被冲淡，失去第一大股东的地位。

这时候，雷士照明股权之争进入第二个阶段：

支付大量现金后的雷士极度缺钱，寻找融资顾问，融资顾问了解到雷士的利润回报后，自己拿钱以很低的价格——1000万美元不到，占了30%的股权。

融资顾问又给吴引见了一个重要的合伙人——软银赛富，以2200万美元，占股35.71%。到此时企业的资金问题得到解决。

第二个阶段

2008年
吴为了增强制造节能灯的能力打算收购世通投资有限公司
继续融资，高盛与软银联合投4656万美元。收购结束后此时的股权比例，吴股权再度稀释到29.33%、软银赛富30.73%，吴全部是用个人股权进行置换

2010年
5月20日雷士照明港交所上市

2011年
7月21日前，软银赛富与高盛从未做减持

2010年5月20日，雷士照明登陆港交所，发行6.94亿股新股（占发行后总股本的23.85%），发行价2.1港元/股，募资14.57亿港元。

2011年7月21日，雷士引进法国施耐德电气作为策略性股东，由软银赛富、高盛联合吴长江等六大股东，共同向施耐德转让2.88亿股股票。施耐德股份占比9.22%，因此成为雷士照明的第三大股东。

第三个阶段的股权之争，进入了白热化的阶段。

第二章
股权控制——以控制权为核心的股权布局

第三个阶段

2011年7月
软银赛富建议引入施耐德，原股东出让股权，吴转让3.09%的股份，施耐德收购雷士9.22%的股权

2011年9月
施耐德与软银赛富联手控制雷士，吴才意识到股权问题，吴在二级市场持续增持，成为第一大股东，但董事会被控制

2012年9月4日 吴重新回归
吴辞职离开，雷士经销商和员工联合对抗新管理层

2012年12月
吴又做了一件重要的事，他引进了一位新朋友——德豪。德豪本身持有雷士的一定股份，而此时吴长江又把自己大量的股份转给德豪，所以德豪最终成为雷士的第一大股东，并且远远超过软银赛富和施耐德。

德豪成为第一大股东后，软银赛富宣布永久性退出雷士董事会，至此彻底退出控制权的争夺。

2012年5月25日，吴长江被毫无征兆地"因个人原因"而辞去了雷士照明的一切职务，而接替他出任董事长的则是软银赛富的阎焱，接替他出任CEO的则是来自施耐德并在施耐德工作了16年的张开鹏。

这就是雷士股权之争的第四个阶段。

第四个阶段

2014年
吴持股至2.54%，德豪持股至27.1%，关系开始恶化

2014年8月
吴被董事会罢免，双方抢夺公章，38家经销商，33家支持罢免吴

2015年1月
吴被捕

2016年11月
吴被判14年有期徒刑：挪用公司财务9亿元，被判刑9年；侵占公司财务3700万元，被判刑6年

被判刑的原因是，吴长江建了一幢楼，叫雷士大厦，但实际上产权跟雷士没有任何关系，吴长江名下的两个企业，是这个大厦的股东。但是建楼的钱是吴长江以雷士照明公司为抵押，欠债还钱，天经地义，于是在一个叫闲鱼的网站上，他的股权被拍卖，清偿欠下的债务。一代枭雄吴长江就这样倒在了自己一手创办的雷士照明上。

通过雷士照明的案例可以知道企业创始人对于控制权的掌握是多么重要。由于吴长江不懂股权而轻率地将股权分出去，导致雷士照明三番四次易主，所有股东都在争夺雷士照明的控制权，最终导致创始人吴长江出局。不少创始人在创业前期都是关注企业的发展和利润，却极少思考企业的股权风险，在公司的股东会与董事会层面，老大只有对公司有控制，公司才有主人，才不会沦为赌徒手里不断转售的纸牌。老大在底层运营层面适度失控，公司才能走出老大的短板与局限性。有些声称试验失控的创始人，也未必敢在公司股权层面冒险失控。

典型错误的股权分配：

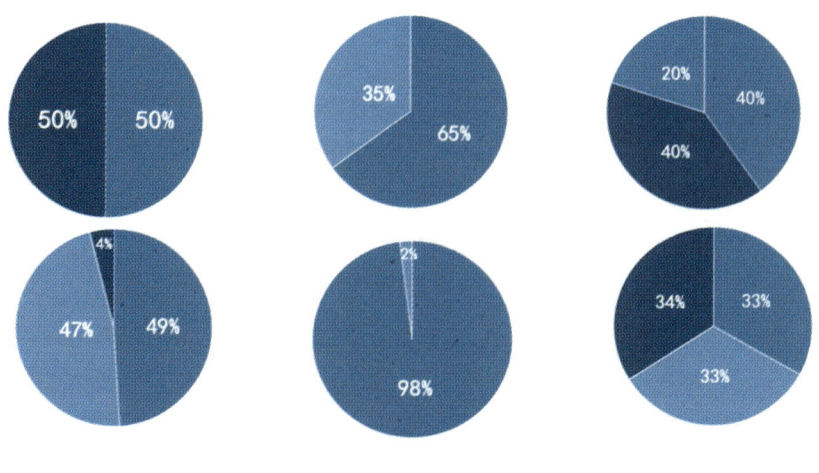

平均分配型

平均分配型可谓是最差的股权结构，比如 50%∶50%。因为大股东之间的股权比例相同或非常接近，没有其他小股东或者其他小股东的股权比例极低，一旦出现意见分歧，很可能形成股东会僵局，无法实现有效的决策。另外，在实际经营中，每个股东对公司的贡献是不同的。如果股权均分，最终导致的结果就是公司控制权与利益索取权失衡，为未来的利益分配埋下隐患。

"海底捞"最初就是这种结构，两家人各占50%的股份。但随着企业的发展，创始人之一的张勇逐渐成为公司领袖，重大决策几乎都由其拍板决定。在这种情况下，原来的股权结构明显不合理，加之，另外 3 个股东跟不上企业的发展，张勇便毫不留情面地先后让他们离开企业管理层，只做股东。而在 2007 年"海底捞"步入快速发展期后，张勇又以原始出资额的价格，从另一对夫妇手中回购了 18%的股权，最终彻底打破了原先均分的股权结构，形成了张勇是核心股东的事实。

股权结构不要平均化。每个合伙人对公司的贡献都不可能一样，如果平均分配股权，自然会让付出多的合伙人不满，容易引发纠纷，导致项目半途而废。比较成功的模式是有一个核心大股东作为决策中心，另外搭配几个有话语权的小股东，保持不同意见的同时又能拍板决策。

对"三条黄金控制线"百分比做个简要分析，要诸位实物操作当中具体把握。

1. 2/3 以上——重大决策线（案例：罗辑思维）

第一条黄金控制线 66.7%（重大事项完全决定权，可以修改公司章程、增资扩股）。

依照我国公司法第四十三条之规定："股东会的议事方式和表决程

序，除本法有规定的外，由公司章程规定。股东会会议做出修改公司章程、增加或者减少注册资本的决议，以及公司合并、分立、解散或者变更公司形式的决议，必须经代表三分之二以上表决权的股东通过。"

也就是说，这些重大事项必须经过三分之二以上表决权的股东通过，即66.67%。以上法律均规定决定公司的重大事务的权利属于三分之二以上表决权的股东，折合后的百分比为66.67%。由此得出，不论公司登记股东人数为多少，占比总和在33%以下是无权对公司章程、增减公司注册资本、合并、分立、解散或者变更公司形式这些重大事项做出决定的。为了避免不必要的争议，能完全享有决定权，故在公司的表决权或控股权比例最好为67%。

很多股权纠纷，都缘于大股东不清晰。例如，真功夫，蔡达标和潘宇海从持股50%到47%，一直都处于对等局面，遇到意见分歧时无法集中决策，很容易产生纠纷。因此，合伙人的股权分配，从一开始就要明确公司的核心股东及其拥有的权利，包括在股东会拥有的表决权和对公司的控制力。这样，即使在意见不统一时，也有可"一锤定音"之人。

当然，股权比例超过2/3，并不就是完美的股权组织形式。

超过2/3这种高度集中型股权结构类似一股独大，是指股东将公司的大部分股份，超过50%都集中在自己手中，对公司事务拥有绝对的话语权，包括修改公司章程，决定公司分立、合并、上市、主营业务变更等重大事项。

从表面上来看，这种股权结构有利于快速决策，但其性质和"一言堂"及家长式的管理模式并无差别，公司董事会、监事会和股东会形同虚设，小股东的投票对公司的治理几乎起不到任何约束作用，企业的经营管理都由一个人说了算，缺乏制衡机制，很容易将企业行为与大股东个人行为混同，从而导致决策失误，资金运用不透明，增加企业经营的风险。另外，这种高度集中的股权结构不利于上市。因为控股股东有可能利用其控制权侵害中小股东和上市公司权益，产生所谓的"隧道效应"，即公司控股股东利用关联交易等手段挖掘利益输送的"隧道"，从上市公司转移资金或资产，甚至将上市公司当作"提款机"或"抽血"工具，从而使上市公司以及广大中小股东的利益受损。

案例：

2015 年，曾被舆论推为最火的自媒体之一、在优酷上的总播放量达到 7050 多万、微信公众号订阅数达 110 多万、有近 3 万会员贡献了近千万元会费收入、估值高达 1 亿的自媒体"罗辑思维"突然宣告散伙，让业界唏嘘不已。对于其散伙原因，其中没有布局好股权就"开干"非常致命。

从工商登记资料来看，该公司的大股东为申音，拥有超过 82%的股份，可谓高度集权；而另一股东罗振宇所拥有的股份不到 18%。

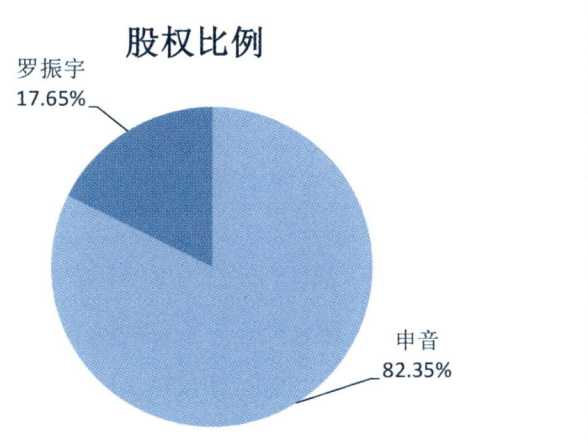

公司成立之初，申音与罗振宇 5∶1 的持股比例应该是双方都认可的，毕竟申音是集全公司之力来支持和推动罗振宇的。

但合理的事情未必合情，因为在罗辑思维这个项目上，罗振宇的比重只会越来越大,而随着罗振宇的个人品牌越来越大,这种不合理性就会持续被放大。

说到底,申音想做平台,想批量产生罗振宇这样的自媒体明星,但罗振宇更多理解的申音和他的合作是经纪模式。公司式思维和个人思维的差别由此显现。

从持股比例来看,申音对公司事务拥有绝对的话语权,罗振宇仅为申音打工,这似乎违背罗振宇倡导的"自由人的自由联合"精神。后期,公司的项目核心人变成了罗振宇,而这个明显不合理的股权结构,则为双方分道扬镳埋下了伏笔。

2．1/2 以上——重大事务表决线

第二条黄金控制线——52%（相对的公司控制权和控股权,控股子公司的底线）。

案例:

"海底捞"最初是两家人各占50%的股份。但随着企业发展,创始人之一的张勇逐渐成为公司领袖,重大决策几乎都由其拍板决定。在这种情况下,原来的股权结构明显不合理,加之另外3个股东跟不上企业的发展,张勇便毫不留情地先后让他们离开企业管理层,只做股东。

而在2007年"海底捞"步入快速发展期后,张勇又以原始出资额的价格,从另一对夫妇手中回购了18%的股权,最终彻底打破了原先均分的股权结构,形成了张勇是核心股东的事实。

合作注册公司,一般都想把企业做大做强,初期合作,如果发展不好,比例多少,都不在意,但是如果越发展越好,大股东如果想控制公司,那么这时股权比例就很重要了。多少比例最合适呢？如果规划企业

未来的上市或对外吸引其他股东融资加入，51%和 52%虽只有一个百分点的差距，但企业的股权控制权可是天壤之别。

假设您拥有公司 51%的股权，经过多轮的融资稀释了你的 35%的股权，稀释后您的股权比例为 33.15%〔33.15%=55%-(35%×51%)〕。

假设您拥有公司 52%的股权，经过多轮的融资稀释了 35%，稀释后的股权比例为 33.80%。稀释后的 33.15%与 33.80%虽仅有 0.65%的差别，但它们之间却有了一个明显的分界线（33.334%），是 2/3 以上和 2/3 以下的区别。

因此，52%比例的相对控制权相比 51%比例的相对控制权来说，显然，52%占比更靠谱，更符合一个"黄金控制线"。

3. 1/3 以上——一票否决线

第三条黄金控制线——33.5%（相对控制权和防守控制线）。持有股权 1/3 以上，股东会对如下决议事项进行表决时，该股东有一票否决权。

公司增资、减资，比如公司融资引入投资人，公司进行减资，修改公司章程；公司合并、分立、解散，比如公司因业务需要分立为两家或几家公司；公司组织形式变更，比如公司筹划上市时，有限责任公司变更为股份有限公司。

企业发展非常迅速，无论是营收还是市场份额都急速提高，这个时候，企业可以进一步释放股权，通过股权激励吸引更多的优秀人才加入，以及新的资本注入。

但此时最好采取防御型统筹策略，保证创始人的股权控制在 1/3 以上。因为，拥有的股权超过三分之一代表着对企业的重大事件具有否决权，在是否解散公司、是否同意合并、重组等重大事件上，创始人拥有 1/3 的股份，便意味着可以对此事进行否决，以保证企业的安全。

例如，在国美股权之争中，黄光裕一方持股比例达 35.76%，在投票撤销陈晓董事局主席职务、取消增发股份授权等 5 项决议中，占据优势，而对以陈晓为代表的国美董事会而言，必须获得至少对等股权——35.7%的支持，才有可能否决掉黄光裕一方提出的罢免陈晓董事会主席等 5 项决议。

由此可见，股权比例的三条"生死线"分别代表不同的意义：

（1）重大决策线（2/3 以上）：决定公司所有事务和上市公司重大资产处置。

（2）重大事务表决线（1/2 以上）：51%相对控股，一般事项决策权、投资计划、运营管理。聘请独立董事，董事长、聘请审议机构，聘请会计师事务所，聘请/解聘总经理。

（3）一票否决线（1/3 以上）：如果某一股东的股份为 33.33%以上时，那么其他股东的股份加起来也不会达到 66.7%，所以只要这一个股东投反对票，就决定了某些股东会决议无法通过，这就相当于"一票否决权"，可以否决某项决议。

第二节 创始人不被架空，掌握控制权顶层设计的操作方式

无论是激励还是众筹或融资，都涉及股权出让，如果运营不好，创始人可能会失去对公司的控制权。

"万科股权之争"持续一年有余，随着恒大举牌的加入，万科、华润、宝能、恒大多方混战愈演愈烈。面对宝能系强势举牌成为万科第一大股东，王石明确表态不欢迎，万科创始团队陷入了失去公司控制权的危险境地。

1. 章程设计——降低控制权旁落的风险

公司章程是设立公司时最主要的文件，是公司活动的基本准则，在符合法律规定的前提下，企业可以根据实际情况，做出一些特别约定，防止控制权旁落。例如，在公司章程中对股东的界定增加"连续持股时间需要达到12个月以上才有提案权和投票权"等限制，限制新增股东的提案权与投票权，从而降低控制权旁落的风险。

伊利股份章程规定：下列事项须由出席股东大会的股东（包括股东代理人）所持表决权的3/4以上通过方为有效。

（1）章程的修改；

（2）选举和更换非由职工代表担任的董事、监事的议案；

（3）在发生公司被恶意收购的情况时，该收购方（包括其关联方或

一致行动人）与公司进行的任何交易事项；

（4）股东大会审议收购方（包括其关联方或一致行动人）为实施恶意收购而提交的关于购买或出售资产、租入或租出资产、赠予资产、关联交易、对外投资（含委托理财等）、对外担保或抵押、提供财务资助、债权或债务重组、签订管理方面的合同（含委托经营、受托经营）、研究与开发项目转移、签订许可协议等议案。

上述条款即为我们常说的绝对多数条款，是指在公司章程中规定，公司进行并购、重大资产转让或者经营管理权的变更时必须取得绝对多数股东同意才能进行，并且对该条款的修改也需要绝对多数的股东同意才能生效。绝对多数条款一般规定，在影响控制权的事项上必须取得 2/3、3/4 或以上的投票权，甚至高达 90%以上。

2. 控制董事会——控制公司的日常经营管理

在一般情况下，公司的日常经营都由董事会决定。因此，如果能控制董事会，也就控制了公司的日常经营管理。

在实践中，控制董事会的方式主要有下面几种。

（1）分期分级董事会制度

在公司章程规定每年只能改选董事的数量，或者设置更换董事的比例，比如每年只能改选 1/4 或 1/3 等，这样即使新进入者已获得了足量的股权，也无法对董事会做出实质性改组，难以获得对董事会的控制权。

例如，隆平高科就在章程中规定：公司每连续 36 个月内更换的董事不得超过全部董事人数的 1/3。

（2）控制董事的产生方式

董事一般由股东会投票选举、股东委派，或者董事会提名产生，甚至还可以公开召集候选人，其中以董事会提名最为常见，创始人不妨将对自己有利的提名方式写入章程。

（3）限制董事资格

在公司章程中规定公司董事的任职条件，非具备某些特定积极条件者不得担任公司董事，具备某些消极特定情节者也不得进入公司董事会，如规定"董事长必须从任职连续三年以上的执行董事中产生，或规定公司董事长应由任职满二届的董事担任，副董事长由任职满一届的董事担任"等，通过这些条款增加新进入者选送合适人选出任公司董事的难度，顺便过滤掉和自己利益相反的候选人。

例如，中技控股在公司章程中规定：在公司发生恶意收购的情况下，为保证公司及股东的整体利益以及公司经营的稳定性，收购方及其一致行动人提名的董事候选人应当具有至少五年以上与公司主营业务相同的业务管理经验，以及与其履行董事职责相适应的专业能力和知识水平。

（4）辞退条款必须合理

在公司章程中设置辞退条款，目的是增加更换董事的难度。例如，中青旅在章程中规定：董事由股东大会选举或更换，任期三年。董事在任期届满以前，股东大会不能无故解除其职务，除法定事由或本章程另有约定外，股东（不含原提名股东）不得提出罢免或撤换现任董事的议案。如非原提名股东强行提出罢免或更换现任董事的提案，则公司董事会或监事会有权拒绝其召开临时股东大会的请求，如上述提案在股东大会召开十日前提出，则公司董事会有权拒绝将其提案提交股东大会审议。如该等股东自行召集和主持股东大会的，公司董事会或监事会，有权以公司名义向公司所在地人民法院，提起确认其召集行为及股东大会决议无效的诉讼，在人民法院依法对其召集行为及股东大会决议效力做出生效认定之前，公司董事会、监事会及高级管理人员有权不执行其股东大会决议。

（5）设置特别表决事项

公司章程将一些重要事项列为董事会的特别表决事项，如董事提名、董事长选举、对外投资、融资及担保等，可以防止董事会控制权的旁落。

（6）控制公司股东会

持有公司大部分股权，将股东会决策权掌握在自己手中，自然也就控制了董事会。

3. 一致行动协议——提案权与表决权保持充分一致

一致行动指在公司融资或收购过程中，两个以上的人（包括自然人和法人）通过签署一致行动协议，相互配合，积极合作以取得或巩固对企业控制权的行动。狭义的一致行动是指上市公司收购过程中，两个或两个以上的收购人就共同收购一个目标公司达成协议进行收购的行为，即联合收购。广义的一致行动不仅包括联合收购，还包括股东在行使表决权时的联合行事。

一致行动协议通常规定：在某个事项的表决上依照统一的意志去表决，如共同投票表决决定公司的经营计划和投资方案；共同投票表决制定公司的年度财务预算方案、决算方案；共同投票表决制定公司的利润分配方案和弥补亏损方案；共同投票表决制定公司增加或者减少注册资本的方案以及发行公司债券的方案；共同投票决定公司的重大资产重组行为。当其他股东与创始股东意见不一致的时候，按照创始股东的意志进行表决。

签订《一致行动协议》的目的是掌握公司的控制权，操作中要注意以下要点。

（1）参与一致行动的股东

除了大股东以外，其他对公司有影响力的小股东，一样可以成为参与一致行动的股东。例如，江海股份（002484）在公司 IPO 前，公司股东香港亿威投资有限公司直接持有 6000 万股股份，占总股本的 50%；其他 47 名境内自然人（中方股东）股东合计持有 6000 万股股份，占总股本的 50%。但根据该公司披露的信息，公司由香港亿威和中方股东共同控制，而非香港亿威单独控制。

其具体原因就是中方 47 名自然人股东，其中 46 名自然人已签署《委托协议书》，授权公司股东、董事长陈卫东先生代为行使其持有公司股份所享有的股东大会的投票权、提案权、提名权、临时股东大会的召集权。这样公司形成了两大表决主体，即香港亿威与陈卫东代表的自然人股东。

（2）参与股东持股数额

一致行动人应当合并计算其所持有的股份。因此在确认一致行动协议时要明确各股东持有公司股份数额。投资者计算其所持有的股份，应当包括登记在其名下的股份，也包括登记在其一致行动人名下的股份。

一般情况的一致行动协议均采用此种认定方式。如星奥股份（430574）案例中，杨亚中、李明勇、陈斌 3 人直接持有公司股权的比例一直保持在 34%、33%、33%，均对公司形成重大影响。但任何一人凭借其股权均无法单独对公司股东大会决议、董事会选举和公司的重大经营决策实施决定性影响。正是因为公司的股权结构特点，采取一致行动协议以明确公司控制权问题。

（3）签署一致行动的目的

签署一致行动的目的在于各方保证在公司股东大会会议中行使表决

权时采取相同的意思表示,以巩固各方在公司中的控制地位。因此,要注意协议签署后按照各股东所持股份比例,是否能真正获得控制权。例如,在欧萨咨询(430319)披露的信息中,该公司股东国淳创投、王小兵、张朝一、伍波、夏志玲、国际创投分别持有公司 30.71%、25.93%、25.93%、6.22%、6.22%、5.00%的股份。公司第一大股东为国淳创投,但股东王小兵与张朝一通过签署《一致行动协议》,合并持股 51.86%,掌握了公司的实际控制权。

(4)一致行动意思表示及矛盾解决方式

一致行动旨在约定一致行动人在股东大会、董事会的提案、表决等行为上保持一致行动,换言之,一致行动人应在股东大会、董事会召开前达成一致的表决意见。因此,在一致行动协议中应该明确一致表决意见形成的方式及切实有效的矛盾解决方式。

如江海股份(002484),公司 46 名自然人股东授权公司股东、董事长陈卫东先生代为行使其持有公司股份所享有的股东大会的投票权、提案权、提名权、临时股东大会的召集权,47 名自然人股东召开会议进行讨论后由董事长陈卫东先生按照统一表决意见(占所有自然人股东所持股份总数 50%以上的股东意见为统一表决意见,如不能形成 50%以上的统一意见,则股东意见中支持比例最高的表决意见为统一表决意见)行使上述权利。

4. AB 股架构

AB 股制度,是指将公司的股票分高(superior)、低(inferior)两种投票权,也叫优级股与一般股。高投票权的股票每股具有 2 票至 10 票的投票权,主要由高级管理者所持有;低投票权股票的投票权只占高投票权股票的 10% 或 1%，有的甚至没有投票权，由一般股东持有。作为补偿，高投票权的股票股利低，流动性差，一般规定一定年限才可转成低投票权股票，因此流通性较差，而且投票权仅限管理者使用。

AB 股制度是掌握公司实际控制权的有效方法，很多著名的大公司，如 Facebook、Google、京东、百度等都采用这种模式。

Facebook 将公司股份分为 A 系列普通股和 B 系列普通股，其中一个 B 系列普通股对应十个投票权，而一个 A 系列普通股对应一个投票权。也就是说，B 股投票权是 A 股的 10 倍。在此之外，创始人扎克伯格还与部分股东签署"表决权代理协议"，即 B 股投资者授权他代为表决，他本身持有的 28.4% 的 B 股，加上代理投票权为 30.5%，扎克伯格实际上用 28.4% 的股权掌握了公司 58.9% 的投票权，在股东会决策中拥有控制权。

谷歌上市前同样实施了双层股权制度，将其股票分为 A、B 两类同价股票，两位联合创始人拉里·佩奇（Larry Page）和谢尔盖·布林（Sergey Brin）持有的是 B 股，其他所有外部的投资者股东持有 A 股。A 股对应每股只有一票投票权，B 股每股投票权为 A 股的 10 倍，但 B 股不能公开交易。两位共同创始人佩奇和布林，加上 CEO 施密特一共持有 Google 大约 1/3 的 B 类股票，保持对公司的控制权。

2014 年 4 月，谷歌又通过了一项"一拆二"拆股计划，借此来巩固创始人对公司的控制权。根据谷歌提交的监管文件，持有大量每股 10 票投票权的佩奇和布林共持有公司 56% 的投票权。由于谷歌持续发放每股一票投票权的 A 类股票来集资收购和奖励员工，两位创始人的投票权有所下降。为了解决这一问题，谷歌设置了 C 类股票，C 类股票没有投票权，可以有效地抑制创始人投票权被稀释的问题，确保了两位创始人能以较少的持股拥有过半的投票权，稳控公司的决策权。

举例说明，假如你有 200 股 A 类股票（每股一票投票权），那你就有 200 票投票权。拆股后，你将拥有 200 股 A 类股票和 200 股 C 类股票。A 类股票仍将是每股一票投票权，C 类股票则没有投票权。因此，你的投票权不变。每股 10 票投票权的 B 类股票同理。鉴于未来谷歌发放 A 类股票的可能性将大大降低，这一计划可以缓解由于股票或期权补偿导致的创始人控制力下降。

百度在 IPO 中也采用此方式，将上市后的百度股份分为 A、B 两类股票。将在美国股市新发行的股票称作 A 类股票，每股代表 1 票表决权，而创始人股份为 B 类股票，即原始股，其表决权为每 1 股 10 票。所有在公司上市前股东们持有的股份均为原始股，一旦原始股出售，即从 B 类股转为 A 类股，其表决权立即下降 10 倍。通过这样的设计，百度管理层实现了对企业的控制。

虽然历经多次融资，京东创始人刘强东的持股比例也被稀释到 23.67%（截至 2014 年 8 月），但是采用 AB 股制度，刘强东依然牢牢掌握着京东的控制权。刘强东通过两家控股公司 Max Smart Limited 和 Fortune Rising Holdings Limited 持有京东 23.67%的股权是 B 类股份，每股代表 20 票投票权，其他股东包括老虎基金、高瓴资本、DST 基金、今日资本、沙特王国投资、红杉等 PE 机构均持有的是京东 A 类普通股，每股只能代表一个投票权，按照数学公式计算：23.67×20/(23.67×20+76.30×1)，刘强东拥有高达 86.13%的投票权，这确保他在股东会重大决议上有绝对的话语权。

在此之外，刘强东还充分利用了表决权委托，要求获准进入的风险投资商将其投票权委托给刘强东自己在英属处女群岛所掌控的 Max Smart Limited 和 Fortune Rising Holdings Limited 公司行使。2014 年上市前，刘强东通过签署表决权委托协议，由京东 11 家投资人将其表决权委托给其控股的两家公司，刘强东虽然持股比例不大，却因为表决权委托协议掌控了京东过半数的投票权，获得对公司的绝对控制权。

2016 年 8 月，腾讯通过旗下的黄河投资进一步增持京东股份，累计持股京东 21.25%，成为京东最大的股东，刘强东股份比例下降至 18.2%，但依靠 AB 股架构和表决权委托，刘强东依旧手握约 80%的投票权，牢牢掌握着京东帝国的控制权。

双重股权结构下，公司的投票权集中在管理层，外部投资者对企业决策产生的影响较小，有助于管理层对公司的控制。

5. 持股平台（有限合伙企业）

我们知道，有限合伙企业就是一名以上普通合伙人（General Partner，简称 GP）与一名以上有限合伙人（Limited Partner，简称 LP）所组成的合伙企业，它是介于合伙与有限责任公司之间的一种企业形式。双方根据有限合伙协议约定分配利润。在有限合伙企业中，由普通合伙人执行合伙事务，普通合伙人对合伙企业债务承担无限连带责任；有限合伙人以其认缴的出资额为限对合伙企业债务承担有限责任。国有独资公司、国有企业、上市公司以及公益性的事业单位、社会团体不得成为普通合伙人。

有限合伙企业构造持股平台，是如何操作的呢？

一般来说，搭建的这个持股平台表决权掌握在创始人手里，其他持股合伙人，只参与分红，不能参与公司决策管理。这对于创业型企业来说，是一种可以很好地掌控公司控制权的模式。

下面通过一个案例，来看如何构造有限合伙持股平台？

在创业时，老王作为老板先注册一个公司——清风公司。

清风公司的股东是老王和他的几个好朋友。当清风公司业务逐步走向正轨，公司员工增多后，老王会考虑设置期权。

这时候老王又注册一个有限合伙企业——A企业，并将A企业这个有限合伙企业的合伙人分为普通合伙人（GP）和有限合伙人（LP），这时候GP由清风公司的实际控制人老王来担任。

这里有个风险问题，精明的老王知道GP是要承担无限连带责任的，那么，他会不会担心因为这个牵扯出更多不必要的纠纷呢？

其实，这个担心是多余的，因为持股平台（A企业）不会进行业务操作，A企业一般没有多少风险要老王承担。如果老王后期还想利用A企业来干点别的事，他可以以A企业为中心再构造一个有限合伙企业——B企业来规避风险。

GP有了，再在清风公司里找一个需要实现期权的员工设定为有限合伙人（LP），这下GP和LP都有了，有限合伙企业基本上就构造完成了。

接下来，把A企业和清风公司搭上关系。通过股权转让的方式让A合伙企业入股清风公司，持有清风公司20%的股票。

这样，一个简单的持股平台就算搭建完成。如果要搭建多个持股平台，操作也大同小异。

通过上面老王的案例，我们看到持股平台的设立其实并不复杂，而复杂的是合伙协议。合伙企业可以说拥有高度的自治权利，而这些自治的权利全部体现在合伙协议上。比如，成员的增减，合伙人的收益分配，等等。

6. 交互持股——一方受到收购威胁时，另一方施以援手

相互持股，又称交叉持股或交互持股，是指两个或两个以上的公司为了特定目的而相互持有股份，从而形成一种你中有我、我中有你的股权结构，当其中一方受到收购威胁时，另一方施以援手，帮助其维护控制权。

例如，滴滴和优步中国达成战略协议后，优步全球将持有滴滴出行5.89%的股权，相当于17.7%的经济权益。同时，滴滴出行创始人兼董事长程维将加入Uber全球董事会，Uber创始人Travis Kalanick也加入滴滴出行董事会，双方互为对方的少数股权股东，相互持股。

在相互持股的情况下，公司之间相互依存、相互渗透、相互制约，在一定程度上结成"命运共同体"，有利于对抗敌意收购。

相互持股的双方基于一定的协议或契约建立起来的互信，能够防止股份的自由流动，因此，当相互持股公司遇到恶意收购或陷入控制权争夺战时，相互持股的股东就可以发出收购要约，与敌意收购者竞争，使收购的成本与风险增加，让收购者望而生畏，不敢轻易采取吞并目标公司的行动。

7. 定增计划——进一步强化对公司的控制力

定增全称为定向增发，是指上市公司向符合条件的少数特定投资者非公开发行股份的行为，对于控股比例较低的大股东而言，通过向自身进行定向增发可进一步强化对公司的控制力。而且当公司估值尚处于较低位置时，大股东此时采取定向增发能获得更多的股份，从未来减持的角度考虑，也更为有利。

例如，新疆阳光电通科技股份有限公司通过定向增发方式，使第一

大股东、实际控制人章健的股份由发行前的 48.00%增至 56.67%，进一步加强其对阳光电通的控制力。

再如，智华信在定增前总股本为 600 万，任雪松、徐芳夫妻二人持有公司 570 万股，持股比例达 95.1%，公司计划融资 840 万元。如果直接融资，按公司最终 7 元/股的定增价格，融资 840 万元需定增发 120 万股，定增后夫妻二人持有公司股权稀释为 79.16%，控制权被弱化。

但是如果巧妙地运用定向增发，通过以下的改进方法，则可以在实现对外融资的同时，保证大股东对企业的控股权。即夫妻二人以 1 元价格向自己定增 350 万股，将公司股本扩充至 950 万股，此时二人持有公司股权变为 96.84%。随后再以 7 元/股价格定增 120 万股融资 840 万元，采用此改进方案，公司在完成融资后，夫妻二人持有公司股权变为 85.98%，可以缓解由于融资导致的创始人控制力下降。

8."毒丸计划"——抵抗恶意收购方，产生威慑作用

"毒丸计划"的正式名称为"股权摊薄反收购措施"，是一种提高企业并购成本，使目标企业的并购吸引力急速降低的反收购措施。当一个公司遇到未经认可的收购，尤其是当收购方占有的股份已经达到 10%到 20%的时候，公司为了保住自己的控股权，就会大量低价增发新股，目的是摊薄收购方手中的股票，让其持股比例下降，同时也增大了收购成本，让收购方无法实现控股目的。

"毒丸计划"的采用会产生两个效果：第一，对恶意收购方产生威慑作用；第二，有兴趣采用该计划收购公司的收购方会减少。

"毒丸计划"主要分为四类：

（1）弹出计划

弹出计划通常指履行购股权，购买优先股，通过提高股东在收购中愿意接受的最低价格让收购方无法实现控股目的。譬如，以 100 元购买的优先股可以转换成目标公司 200 元的股票，如果弹出计划中目标公司的股价为 50 元，那么股东就不会接受所有低于 150 元的收购要约，因为 150 元是股东可以从购股权中得到的溢价，它等于 50 元的股价加上 200 元的股票减去 100 元的购股成本。这时，股东可以获得的最低股票溢价是 200%。

（2）弹入计划

弹入计划通常被包括在一个有效的弹出计划中，是指提高目标公司的购股溢价，通常为 100%，以达到稀释收购者在目标公司权益的目的。比如，100 元的优先股以 200 元的价格被购回。

（3）负债毒丸

负债毒丸指目标公司在恶意收购威胁下大量增加自身负债，降低企业被收购的吸引力。例如，目标公司发行债券并约定在公司股权发生大规模转移时，债券持有人可要求立刻兑付，提前赎回债券，或清偿借贷，从而使收购公司在收购后立即面临巨额现金支出，降低其收购兴趣。

（4）人员毒丸

人员毒丸指目标公司全部、绝大部分高级管理人员共同签署协议，约定在目标公司被以不公平价格收购，并且这些人中有一人在收购后将被降职或革职时，全部管理人员将集体辞职。这一策略不仅保护了目标公司股东的利益，而且会使收购方慎重考虑收购后更换管理层对公司带来的巨大影响。

毒丸计划在平时不会生效，只有当企业面临被并购的威胁时，才会启动，所以毒丸计划需要未雨绸缪，预先埋设。

第三节 以控制权为核心的合伙股权设计

合伙制是对传统雇佣制的巨大颠覆，从资本雇佣劳动变为资本与劳动的合作，从单纯的员工变为兼具股东身份的合伙人，资本与员工融合，权力与利益共享，风险与责任共担，员工之间更多体现为地位平等的合伙关系，使得内部的监督更有力，部门之间的隔阂不断变小，企业管理日益扁平化，效率更高。

1. 结构设计，决胜千里——股权设计层面的风险分析

股权结构设计层面的风险主要有三个方面。

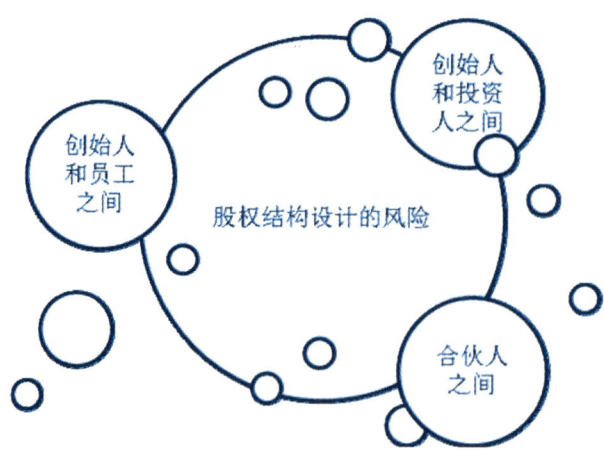

一是合伙人之间因为内讧而产生的风险。

二是创始人和员工之间的风险。对企业来说优秀的人才是最宝贵的

财富和资源，很多时候，要想留住这些人才，只能通过股权激励的方式，授予核心人才股份。如果处理不好，就可能产生矛盾。

三是创始人和投资人之间的风险。牵扯到未来融资，必然要稀释创始人的股份，这一点在设计股权结构时，就要事先考虑到。

这里重点说一下其中一种股权模式：创始人与投资人之间相互制衡型股权结构，是指公司拥有一个较大的相对控股股东，同时还拥有其他大股东，所持股份比例在 10%～50%，共同形成制衡关系。

2. 选对股东，成就大业——企业发展的根本

股东就是股份公司的出资人或叫投资人。在股东与公司的关系上，股东作为出资者按其出资数额（股东另有约定的除外），享有所有者的分享收益、重大决策和选择管理者等权利。

股东是一个企业的所有者，股东的信心和态度有时会影响企业生存之本。为了增强股东的信心，做出有益的商业行为，应具备以下权利：一是收益权。这是最重要的权利，在他们的业务投资中，用所有的时间去关心他们自己的利益。二是决策权。关注其对股东的回报，这自然需要一个强有力的领导团队，因此他们倾向于由股东大会和董事会的运营商选择。三是，有权知道的信息。对股东具有特殊的意义，是根据他们的分析、判断和决策，他们希望能够得到的信息的业务状态。

无数的事实已经证明，越是充满"传奇"的企业，越可能成为"昙花一现"的企业。因为"传奇"不是成功的规律，"稳健"才是企业成长的真谛。

《基业长青》的作者吉姆·柯林斯研究发现，高瞻远瞩的公司很少靠"伟大构想"开创事业，而且，它们在草创时期，"不可能像对照公司那样旗开得胜"。简而言之，"初期的事业成功和成为高瞻远瞩公司之间正好成反比"。由此，柯林斯总结出：长距离赛跑的胜利属于乌龟，不属于兔子。

在中国，凡是企业历史能超过10年的，企业创始人或者股东多体现出稳健甚至忍辱负重的性格。比如，万向公司的鲁冠球，曾多次想要进军汽车行业，但最终因"时机不成熟"而暂停了这一计划。再如，格兰仕、雅戈尔等，其股东的性格，也多以低调、稳健著称。新希望、海尔、万科、正太、娃哈哈、华为以及苏宁、格力电器、雨润等，其股东的经营风格，也多是低调、内敛。

3. 熟股用权，定企安业——优化股权结构，做大市值

优化股权结构的最终目的就是实现企业的快速成长和市值扩大，不妨采取以下措施，让中小企业的决策更加迅速：

董事会席位不必过多，5～7席为宜，减少董事会层面相互制衡对快速成长的负面拉动作用。

大股东意志通过董事会清晰传达到经营层，在顶层设计、管理体系层面保证打造一个"快公司"。

只有通过快速成长，做大市值，原始股东才会在稀释股权、转让股权、优化股权结构等问题上展望未来、达成共识。以日本松下电器公司为例，公司在发展过程中松下幸之助的个人股权比例不断下降和稀释，从最初的100%下降到1950年的43%、1955年的20%，而1975年更

猛——降到 2.9%，使松下企业的发展突破了个人和家族的局限，保证了企业的持续稳定发展。

4．控股之道，千秋万载——控股权归集，利益最大化

股权设计的重要原则就是利益最大化的问题。比如，考虑到国内外上市的不同要求，是采用 BVI 还是 VIE；考虑到控制权归集，是否需要设置持股平台；考虑到税收问题，又要如何设计。

股权结构是一个弹性可塑的动态交互模式，创始人应充分考虑公司的现有价值、发展方向、经营状况、股权激励计划和未来的融资需求以及出资人价值、投资额、收益兑现等因素，在进行深入分析后做统筹规划，并根据公司的发展变化及合伙人变动等实时调整股权架构，让其更好地适应发展节奏。

5．股权策划，后顾无忧——送出的股份，如何收得回

股东约束机制，就是制定游戏规则，机制就是奖惩的标准。

机制和制度的区别如下：机制（谁用谁定）由下而上制定，制度由上而下制定；机制是激发人，制度是约束人；今天机制多，以往制度多。机制就是丑话说在前面——事情该怎么做，做完该怎么分？

机制的使用规则：谁用谁制定（核心是民主化）。必须让一部分人先富起来（榜样的作用），老板之道就是打破平衡，制造落差，落差才能产生能量。机制永远要试运营，运营一个阶段立刻更新。凡是能落地，可行性强的，立刻在公司立法确定。

凡在岗不能完全称职者，经股东举手表决，停薪留职，考察期两个

月内不能胜任工作者，停止所有薪金发放、撤职。如发生不可抗拒的意外时，以他入股的时间按此标准逐年稀释完毕。中途发生退股时，必须经股东同意方可转让，转让必须以内部优先，转让时不以现金形式兑换（防止股东套现）。如：此人入股15万元，入股2年，如果转让，须按其入股的2年，24个月，平均每月发放。不能私自与内部股东进行交易转让。

第二章
股权控制——以控制权为核心的股权布局

第四节 合伙人股权控制案例与实操

案例一：初创阶段干股激励模式的七大步骤

我们可以通过以下几个步骤，系统制定企业初创阶段的干股激励模式。

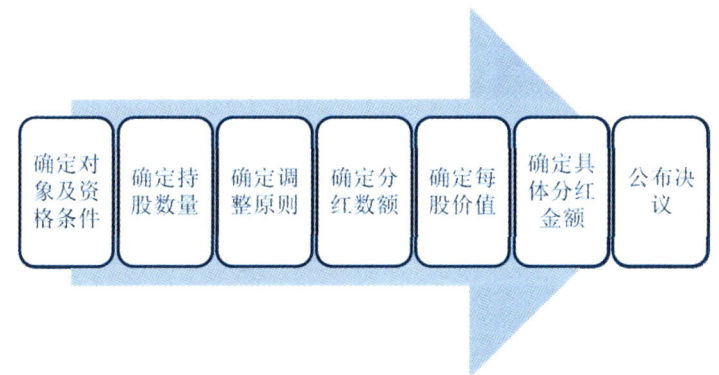

第一步：确定股权激励的对象及其资格条件

企业要明确本次纳入激励计划的对象是全体员工，还是部分员工。为了保证干股在精神激励方面的效果，可以只针对核心员工，让公司所有员工明确意识到，股权激励不是人人享有的福利，只有优秀人才，才能享受到干股分红，它代表的是一种"特权"。如果其他员工想获得这种"特权"，就必须努力成长，努力工作，取得高绩效，让自己成为核心员工。

鉴于此，干股激励的对象范围及资格条件可以界定为：

激励对象	资格条件
高级管理人员	具有两年（含）以上本公司工作服务年限，担任高级管理职务或有高级职称的核心管理层，如CEO、董事长、总经理等
中层管理人员	具有两年（含）以上本公司工作服务年限，担任中层管理职务的人员，如高级监理、人力资源经理、营销总监等
骨干员工	具有一年（含）以上本公司工作服务年限，并获得"公司优秀员工"称号，或者拥有独特专业技能、处于关键技术岗位的骨干员工，如高级工程师、高级企划、培训师、区域负责人等

第二步：确定激励对象的当期持股数量

我们可以把持有股权划分为岗位股、绩效股和工龄股等，根据公司具体情况划分等级，根据激励对象所处的职位、工龄长短以及绩效情况，来确定其当年应持有的干股数量。

确定岗位股。根据激励对象在公司内所处不同职位而设定不同股权数量。一般来说，在同一个层次的激励对象，其岗位股权可有所不同，但波动应控制在一个合理范围内。公司可先根据其所处职位来确定他们的岗位股基数。

确定绩效股。根据股权享有者的实际个人工作绩效表现情况，年底决定是否追加和追加多少干股。每年年初，公司可预先确定股权享有者的年度考核绩效指标。每年年末，根据绩效实际完成情况，按比例分别确定最终增加的股权数量（增加股权数量=本人岗位股基数×绩效完成程度×50%）。另外，公司应规定一个享有干股的最低绩效完成比例限制。例如，当年绩效完成情况低于70%的人员，取消其享有当年股权激励计划的资格。

确定工龄股。依据员工在本公司工作服务年限，制定工龄股分配原则，自劳动合同签订后员工实际到岗之日起算，按照满一年增加100股的标准执行。

计算股权数额。将上述三类股权累加，为该激励对象当年享有的股权数额。

实践中，如遇到对公司有特别重大贡献者，其干股数量的确定也可酌情调整，由公司人力资源部门上报，交由公司最高管理层或公司薪酬考核委员会决定。

第三步：确定股权调整原则

企业是一个不断变化的动态体，因此，股权激励计划也需要适时做出调整。由于无法准确预见企业未来的发展变化，因此，可以先确定出股权数量的调整原则。例如，随着职位和绩效等因素的变动，持有人的股权数量会发生改变。职位降低时，岗位股的干股基数随之下调；绩效完成未达到考核比例，绩效股可能取消。员工工龄增加，工龄股也会相应增加。非正常离职的员工，如辞职、辞退、解约等，干股自动消失。正常离职者可以将股权按照一定比例折算为现金发放给本人，也可按照实际剩余时间，到年终分配时参与分红兑现，并按比例折算具体分红数额。如果股权享有者在工作过程中因失误而被降级、处罚时，公司有权减少、取消其分红收益权。

此外，根据公司经营发展状况和股权享有者的岗位变动情况，干股激励必然会面临性质转化问题，也就是说让干股持有者可以出资购买自己手中的干股，从而把干股转换为公司实股。在转让时，公司可以考虑在购股价格可以给予一定的折扣。比如，公司规定：经干股享有者申请，可以出资购买个人持有的不低于30%的股权，将其转换为实股，公司对于购股价格给予不高于实有股权每股净资产现值的8.5折优惠。

第四步：确定分红数额

干股分红，实际上就是协议分红，因此，公司首先应该在内部建立分红基金，根据当年经营目标实际完成情况及利润大小，对照分红基金的提取计划，确定当年分红的基金规模的波动范围，落实实际提取比例和数额。

一般来说，分红基金的提取比例是按照公司上一年度奖金在公司净利润中所占比例为参照制订的。为了体现干股的激励性，分红基金提取比例的调整系数定为 1~1.5。

例如，在实行干股激励制度的上一年度，公司净利润为 100 万元，上一年年终奖金总额为 5 万元，则首次分红基金提取比例基准=（首次股权享有者上一年年终奖金总额÷上一年公司净利润）×（1~1.5）=（5÷100）×（1~1.5）=5%×（1~1.5）

则最高线：5%×1.5=7.5%

中间线：5%×1.3=6.5%

最低线：5%×1.0=5%

而首次分红基金=股权激励制度的当年公司目标利润（例如，150 万元）×首次分红基金提取比例，分别对应如下：

最高线：150×7.5%=11.25（万元）

中间线：150×6.5%=9.75（万元）

最低线：150×5%=7.5（万元）

实际操作中，公司本着调剂丰歉、平衡收入的原则，还可以在企业内部实行当期分红和延期分红相结合的基金分配原则，这样可以有效地减少经营的波动性对分红基金数额变动所带来的影响。

假设公司当年分红基金数额为 11.25 万元，其将当年分红基金的 80% 用于当年分红兑现；当年分红基金的 20% 结转下年，累加到下年提取的分红基金，以后每年都按照这个比例滚动分红基金。

第五步：确定干股的每股现金价值

确定完分红额度后，公司可以按照以下公式计算出干股股权每股现金价值：

干股每股现金价值=当年实际参与分配的分红基金规模÷实际参与分红的虚拟股权总数。

例如，当年参与分红的股权总数是 10 万股，当年分红基金数额为 11.25 万元，根据公式，其当年干股每股现金价值=112500÷100000 股=1.125（元/股）。

第六步：确定每个干股持有者的具体分红办法和当年分红现金数额

将每股现金价值乘以股权享有者持有的股权数量，就可以得到每一个股权享有者当年的分红现金数额。例如，某员工持有的股权总数为 2000 股，则其当年可得到的分红数额为 1.125 元/股×2000 股=2250（元）。

为了保证分红收益波动不至于过大，公司可以执行滚动分配原则，当年分红兑现=当年分红收益×85%，剩余 15% 结转下年。例如，某员工当年分红收益为 2250 元，按照滚动分配原则，当年可兑现收益为 2250×85%=1912.5（元），剩余 337.5 元结转下年参与分配。若下年分红收益为 3000 元，则下年分红兑现为（3000+337.5）×0.85=2836.88（元）。

第七步：公布实施股权激励计划的决议

在确定要实施干股激励制度之后，公司管理层应在公司内部公布实施该激励制度的决议，并向员工详细讲解股权激励计划的获授原则、实施流程、意义和后果，使员工心知肚明，打消各种疑虑，提高参与的积极性，使股权激励计划行之有效，达成双赢的局面。

考虑到初创企业的特殊性，我们对其股权激励方案设计，提出以下建议。

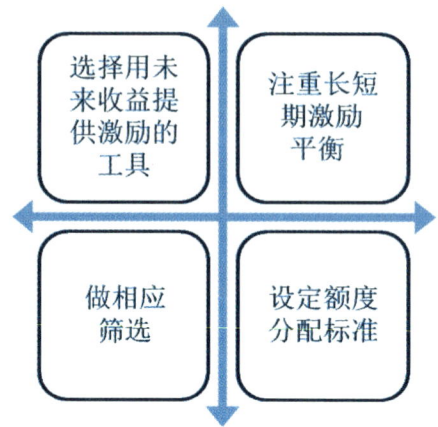

初创企业股权激励的建议：

（1）选择可以用未来收益提供激励的工具

初创企业现金流不足，又容易面临融资困难、短期内无法盈利的局面，因此，在选择股权激励模式上需要考虑到这一特征。最好选择那些用未来的收入及未来的升值空间来换取眼前的激励效果的模式，比如干股、虚拟股权等。

另外，期权和限制性股份这两个工具不需要公司有现金支出，也比较适合处在初创阶段的企业，特别是股份期权，相比于限制性股份，在激励收益上只是未来的增值权，更加适用于那些盈利模式不清晰或尚未成形、短期内看不到收益的互联网创业企业。

（2）注重短期激励与长期激励之间的平衡

初创企业，一方面要解决资金问题，另一方面又要留住核心人才，稳定创业团队，股权激励是最佳的工具。即便是对公司的未来前景抱着美好期待的员工也希望能够有稳定的即期收入，以便解决眼前的物质需求，因此，股权激励只有在短期和长期激励之间取得平衡，才能发挥效果，切不可用股权激励来代替员工的即期收入。

在通常情况下,激励对象可获得的股份期权是底薪的 1~2 倍,高科技企业可以扩大 3~5 倍,互联网创业企业的基本薪酬与股权激励额度的比例在 3~5 倍间比较常见。

(3)即使全员激励,也要做相应的筛选

在初创阶段,企业人员较少且都是创业艰苦期加入的员工,应当给予股权激励。另外,初创企业股权结构相对简单,束缚较少,只要创始人团队达成一致意见即可实施,因此初创企业做全员激励有天然优势,效应也比较好。但需要注意的是,即使全员激励,也应该做必要的筛选,而且这一点也应该让所有员工知道,避免形成不切实际的预期,同时有利于激励员工展现出真正的能力与态度。

具体到如何筛选,我们可以设定基础条件、业绩条件与素质条件。首先,将基础条件设定为无违规行为,即违规处理期内不得授予股权或期权,具体的违规行为由公司管理层在员工手册中细化;其次是价值观与公司发展方向吻合,这一点可以通过管理层面试评估的形式进行判断;最后要满足任职年限,可以根据情况设置半年或一年的任职年限。

(4)设定额度分配测算标准

很多初创企业的创始人为吸引高价值人才,在没有进行测算的情况下,招人时就给出大比例的股权承诺,使激励对象期待过高,而一旦不能兑现承诺,则会降低创始人在员工中的公信力,影响后期股权激励计划的执行。如果兑现承诺,就可能会对企业的股权结构、控制权造成较大的影响。因此,事先设定额度分配是需要关注的一个问题,分配不均容易削弱激励效果甚至造成负面影响。

对股权激励的额度分配进行综合测算,测算标准包括激励对象所处岗位等级、岗位的价值、激励对象的能力素质水平及其业绩水平。

例如,以 A 公司为例,在岗位等级方面,按照公司人力资本结构,划分为五个等级，每一个等级都被赋予特定的期权分配等级系数，以体现出不同等级对于公司的价值：

岗位等级	分配系数
N10	1.1
N9	1
N8	0.8
N7	0.6
N6	0.5

对于等级较低的员工还应有工作年限的要求，为股权激励设置一定的时间门槛。

在岗位价值方面，结合公司的业务模式及未来发展方向，将岗位分为业务类、技术类、营销类及职能类，由公司管理层分别赋予不同类别岗位权重系数，对应不同类别岗位的期权分配系数：

等　　级	分配系数
业务类	1.1
技术类	1.1
营销类	1
职能类	0.8

在综合评价方面，利用业绩与能力的评价结果作为赋予股权分配系数的依据之一。但考虑到初创企业的员工往往加入时间不长，综合评价的参考意义要大于区分的意义。所以除了综合评价最低的少数人被排除出股权激励对象之外，只对综合评价最突出的少数人赋予较高的股权分配系数，其他大部分员工赋予相同的综合评价系数：

等　　级	分配系数
评价突出者	1.5
其他	0.5

比如，员工甲的岗位等级分配系数为1、岗位价值分配系数为1.1、综合评价分配系数为0.5，岗位等级、岗位价值、综合评价的所占权重分别为40%、40%、30%，则该员工的个人分配系数为40%×1+40%×1.1+30%×0.5=0.99，如果该公司当年股权激励总额度为100万股，总分配系数为6，则该员工当年获授额度为100×0.99/6=16.5（万股）。

案例二：苏宁电器股票期权激励模式落地方案

苏宁电器在2010年实行了股票期权激励模式，其要点如下：

（1）**激励模式**：股票期权激励模式。

（2）**激励对象范围**：已在公司或公司下属分、子公司连续工作5年以上的公司董事（不包括独立董事）、总裁、副总裁、财务负责人，总部各管理中心副总监级以上中高层管理人员、部分副经理级以上核心业务骨干及信息技术研发人员，各地区总部、地区管理中心、重要子公司负责人以及部分副经理级以上核心业务骨干，销售规模、经营绩效具有代表性的优秀连锁店店长，共计248人。

（3）**激励额度**：总计授予激励对象8469万份股票期权，每份股票期权拥有在激励计划有效期内的可行权日以行权价格和行权条件购1股公司股票的权利。其中董事（不含独立董事）、总裁、副总裁、财务负责人获授股票期权涉及的标的股票数量为1210万股，占股票期权授予总量的14.29%，占授予时公司股本总额的0.17%。其他拟授予的公司核心中高层管理人员以及业务骨干获授股票期权涉及的标的股票数量为7259

万股，占股票期权授予总量的 85.71%，占授予时公司股本总额的 1.04%。

（4）激励价格：授予的 8469 万份股票期权的行权价格为 14.50 元。

（5）激励来源：

第一，股票激励标的来源。本次激励计划的标的股票来源为公司向激励对象定向发行苏宁电器股票，所涉及的标的股票种类为人民币普通股（A 股）。

第二，购股资金来源。激励对象行使股票期权的资金全部以自筹方式解决。本公司承诺不为激励对象依本激励计划行使股票期权提供贷款以及其他任何形式的财务资助，包括为其贷款提供担保。

（6）激励时限：

第一，股票期权激励计划的有效期。股票期权激励计划的有效期为自股票期权授权日起五年。

第二，股票期权激励计划的授权日。股票期权激励计划授权日在本激励计划报中国证监会备案且中国证监会无异议，公司股东大会审议通过后由董事会确定。

授权日必须为交易日，且不得为下列期间：

定期报告公布前 30 日。

重大交易或重大事项决定过程中至该事项公告后 2 个交易日。

其他可能影响股价的重大事件发生之日起至公告后 2 个交易日。

第三，股票期权激励计划的等待期：

第一个行权期可行权股票期权的等待期为授权日起的 12 个月。

第二个行权期可行权股票期权的等待期为授权日起的 24 个月。

第三个行权期可行权股票期权的等待期为授权日起的 36 个月。

第四个行权期可行权股票期权的等待期为授权日起的 48 个月。

第四，股票期权激励计划的可行权日：

激励对象应按本激励计划规定的安排分期行权。可行权日为等待期满次日起至股票期权有效期满当日为止的期间内，公司定期报告公布后第 2 个交易日起至下一次定期报告公布前 10 个交易日内的所有交易日，但不得在下列期间内行权：

业绩预告、业绩快报公告前 10 日至公告后 2 个交易日内。

重大交易或重大事项决定过程中至该事项公告后 2 个交易日。

其他可能影响股价的重大事件发生之日起至公告后 2 个交易日。

第五，标的股票的禁售期：

激励对象转让其持有的标的股票，应当符合《中华人民共和国公司法》《中华人民共和国证券法》《深圳证券交易所股票上市规则》等法律、法规和规范性文件的规定。

激励对象为公司董事、其他高级管理人员的，每年转让其持有的公司股票不得超过其所持有的公司股票总数的 25%；在离任信息申报之日 6 个月内，不得转让其所持有的全部公司股份；在离任信息申报之日起 6 个月后的 12 个月内通过深圳证券交易所挂牌交易出售股票数量占其所持有的本公司股票总数的比例不得超过 50%。

（7）激励条件：

第一，获授股票期权的条件。

公司未发生下列任一情形：

最近一个会计年度的财务会计报告被注册会计师出具否定意见或者无法表示意见的审计报告。

最近一年内因重大违法违规行为被中国证监会予以行政处罚。

中国证监会认定的不能实行股权激励计划的其他情形。

激励对象未发生下列任一情形：

最近三年内被交易所公开谴责或宣布为不适当人选的。

最近三年内因重大违法违规行为被中国证监会予以行政处罚的。

具有公司法规定的不得担任公司董事、监事、高级管理人员情形的。

第二，行权条件。

激励对象行使已获授的股票期权必须同时满足以下条件：

根据《苏宁电器股份有限公司2010年股票期权激励计划实施考核办法》，激励对象上一年度绩效考核良好。

公司未发生下列任一情形：

最近一个会计年度的财务会计报告被注册会计师出具否定意见或者无法表示意见的审计报告。

最近一年内因重大违法违规行为被中国证监会予以行政处罚。

中国证监会认定的不能实行股权激励计划的其他情形。

激励对象未发生下列任一情形：

最近三年内被证券交易所公开谴责或宣布为不适当人选的。

最近三年内因重大违法违规行为被中国证监会予以行政处罚的。

具有公司法规定的不得担任公司董事、监事、高级管理人员情形的。

股票期权等待期内，公司各年度归属于上市公司股东的净利润及归属于上市公司股东的扣除非经常性损益的净利润均不得低于授予日前最近三个会计年度的平均水平且不得为负。

行权期的行权条件为：苏宁电器2010年度销售收入较2009年增长率不低于20%，且归属于上市公司股东的净利润较2009年度增长率不低于25%。

个行权期的行权条件为：苏宁电器2011年度销售收入较2009年复合增长率不低于20%，且归属于上市公司股东的净利润较2009年度复合增长率不低于25%。

个行权期的行权条件为：苏宁电器2012年度销售收入较2009年复

合增长率不低于 20%，且归属于上市公司股东的净利润较 2009 年度复合增长率不低于 25%。

第四个行权期的行权条件为：苏宁电器 2013 年度销售收入较 2009 年复合增长率不低于 20%，且归属于上市公司股东的净利润较 2009 年度复合增长率不低于 25%。

注：归属于上市公司股东的净利润指标均以扣除非经常性损益前后孰低者作为计算依据。

第三，行权安排。

授予的股票期权自授权日起满 12 个月后，按以下安排行权：

第一个行权期：激励对象自授权日起 12 个月后的首个交易日起至授权日起 24 个月内的最后一个交易日当日止，可行权额度上限为获授股票期权总额的 25%。

第二个行权期：激励对象自授权日起 24 个月后的首个交易日起至授权日起 36 个月内的最后一个交易日当日止，可行权额度上限为获授股票期权总额的 25%。

第三个行权期：激励对象自授权日起 36 个月后的首个交易日起至授权日起 48 个月内的最后一个交易日当日止，可行权额度上限为获授股票期权总额的 25%。

第四个行权期：激励对象自授权日起 48 个月后的首个交易日起至授权日起 60 个月内的最后一个交易日当日止，可行权额度上限为获受股票期权总额的 25%。

第四，达不到行权条件的处理办法。

若未能满足行权条件，则当期的股票期权不得行权，该部分股票期权由公司注销。若激励对象符合行权条件但未在上述行权期内全部行权的，则未行权的该部分期权由公司注销。

苏宁本次股票期权激励计划具有以下几个特点：

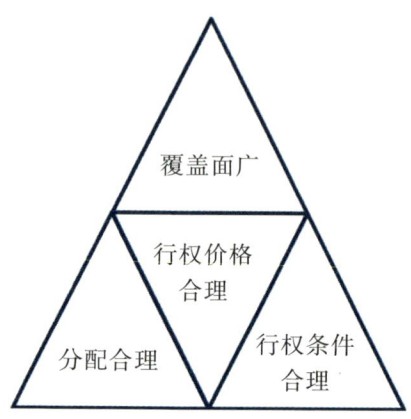

首先，覆盖面广。苏宁本次股票期权激励计划的激励对象高达248人，包括公司董事、总裁、副总裁、财务负责人、总部各管理中心副总监级以上中高层管理人员、部分副经理级以上核心业务骨干，销售规模、经营绩效具有代表性的优秀连锁店店长。与2007年、2008年两次股权激励计划相比，无论是激励范围还是激励人数都有显著的提升，更有利于激励骨干员工，发挥股权激励的效果。

其次，分配合理。从授予比例来看，此次激励计划中，董事（不含独立董事）、总裁、副总裁、财务负责人获授股票期权涉及的标的股票数量为1210万股，占股票期权授予总量的14.29%，占授予时苏宁电器股本总额的0.17%。其他拟授予的苏宁电器核心中高管以及业务骨干获授股票期权涉及的标的股票数量为7259万股，占股票期权授予总量的85.71%，占授予时苏宁电器股本总额的1.04%。

分配比例向中高层及业务骨干倾斜，体现了股票期权分享的公平性和合理性，有利于减少公司内部的矛盾，促进管理层成员之间的团结，提高公司的整体凝聚力与战斗力。

再次，行权价格合理。此次激励计划的行权价格为 14.5 元，我们假设公司按最低标准完成行权，2010 年、2011 年 EPS（每股盈余）至少为 0.53 元、0.67 元，参考行业平均 30 倍和 25 倍 PE 预期，对应股价为 15.9 元、16.8 元，激励对象处于获利状态，这势必将有利于公司吸引及留住优秀人员，推动本次激励名单的人员为共同利益奋斗。同时，也为其他未获得的人员展现了一份未来的期待，从而促使其更努力地工作。

最后，行权条件合理。苏宁电器 2010 年的股权激励计划的行权条件为：苏宁电器 2010-2013 年每年度销售收入较 2009 年复合增长率不低于 20%，且归属于上市公司股东的净利润较 2009 年复合增长率不低于 25%。与前两次相比，本次的行权条件较为宽松。结合企业发展周期，将销售收入增长率和净利润增长率结合起来作为股权激励计划的业绩考核条件，不仅可以避免管理层调节利润来实现利润增长进而损害股东利益的短期行为，使股东与管理层的长期利益保持一致，而且相对宽松的行权条件也可以增加员工对本次计划的信心，起到切实的激励效果。

但本次激励计划也存在不足。虽然行权条件相对宽松，但没有充分考虑市场变化因素和资本放大效应，四个行权期的条件完全相同，对于瞬息万变的市场来说，不太合理。

案例三：扭亏为盈，连锁超市股权激励方案

公司销售业绩明显下降，生产能力严重过剩，市场份额不断缩小，利润大幅下降甚至出现连续亏损的局面。在这种险恶的情况下，企业可以通过股权激励来提升业绩，扭转亏损的局面。

笔者以一家连锁超市为例，来说明其激励方法。

某连锁超市 A 公司，总部位于北京。前期，公司发展迅速，销售额

逐年攀升，市场规模不断扩大，在全国开了20多家连锁门店。可是后来，随着竞争的加剧和管理的落后，员工缺乏工作积极性，工作效率极低，造成平均每家门店的净利润直线下降，亏损现象严重，已濒临破产边缘。

基于这种现象，A公司想实行股权激励方案，以解决目前面临的亏损问题。

笔者首先对亏损门店进行干股激励：凡是亏损的门店，如果第二年亏损额度缩小，公司将拿出缩小总额的20%的钱分给所属经营管理团队，奖励他们为企业做出的贡献。比如，2016年门店亏损50万元，2017年亏损20万元，那么公司就拿出(50-20)×20%=6（万元），奖励该门店的管理团队。

对于那些有利润的门店，公司拿出利润增加额的15%奖励门店管理团队。比如，门店2016年的利润是20万元，2017年做到了40万元，那么该门店管理团队将获得(40-20)×15%=3（万元）。

对于那些将亏损门店做成盈利的经营团队，公司除了拿出亏损金额的20%的钱奖励经营管理团队，同时还将该门店的部分净利润分给经营管理团队。比如，门店2016年亏损20万元，2017年盈利10万元，那么该门店管理团队将获得[10-(-20)]×20%+10×15%=7.5（万元）。

经过第一期股权激励后，亏损门店面积逐步减少，公司接着推出第二期激励计划。

第一期的股权激励是在公司亏损严重的情况下做出的，激励的是增加额，对于那些已实现盈利，未来增加额很难大幅度提升的门店，似乎显得有些不公平，为此，可以决定从来年总利润中抽取5%奖励门店管理团队。这样，经营团队不仅能够获得门店利润增长带来的分红收益，还可以获得公司总利润的分红收益。

假如门店 2016 年利润是 10 万元，2017 年做到了 50 万元，那么该门店的经营团队可以获得（50-10）×15%+50×5%=8.5（万元）的收益。这样一来，员工获得多重经济收益，不仅能促进各个门店业务的发展，而且有利于激励团队为公司创造更多的利润，保证股权激励效应的最大化。

第三章

股权融资

中小企业的融资方式

随着中国多层次资本市场的建立和金融政策的开放,许多新型的融资渠道和方式不断涌现,很多早期的创始企业纷纷通过股权融资方式解决了启动资金问题。

股权融资就是以股权作为对价来吸引资本,具有白手起家、吸引合伙人、优化治理结构、提高企业知名度的作用,已成为现阶段企业实现融资的有效方式之一。

第三章
股权融资——中小企业的融资方式

第一节 中小企业内部融资的方式

资金是企业的"血液"。任何一个企业的创立、生存、发展、成熟，都要以投入、保持和再投入、再保持一定数量的资金为前提，这就使融资过程贯穿在整个企业的运行、发展中。融资的渠道和融资方法多样化，融资策划的思维不能僵化。

按资金的来源范围不同，企业融资分为内部融资和外部融资两种类型。

内部融资是指企业通过利润留存而形成的融资来源。内部融资数额的大小主要取决于企业可分配利润和利润分配政策（股利政策），一般无须花费融资费用，从而降低了资本成本。

1. 企业内部融资

企业内部融资就是法人或者其他组织在本单位内部通过借款形式向职工筹集资金，用于本单位生产、经营的一种融资形式。按照现代资本结构理论中的"优序理论"，企业融资的首选是企业的内部资金，主要是指企业留存的税后利润。在内部融资不足时，再进行外部融资。

内部融资成本相对较低，风险最小，使用灵活自主。以内部融资为主要融资方式的企业可以有效控制财务风险，保持稳健的财务状况。企业内部融资来源主要包括：留存收益借款和内部员工集资。其他还有亲友借款、股东借款等，一般用于创业初期。留存收益是指企业从历年实

现的利润中提取或留存于企业的内部积累，它来源于企业的生产经营活动所实现的净利润，包括企业的盈余公积金（包括法定公积金、任意公积金）和未分配利润两个部分。

2. 应付账款融资

应付账款融资是商业信用融资的一种，是生产、批发性企业常使用的融资方式。应付账款是指企业购买货物未付款而形成的对供货方的欠账，即卖方允许买方在购货后的一定时间内支付货款的一种商品交易形式。

我国家电连锁巨头国美在发展过程中，发现了一个可以随时供自己使用的"现金矿"。这个矿来自国美的供应商，这就是零售界非常著名的"类金融模式"。该模式在国美财务报表中所截留的资金属于应付账款，可以灵活使用。

可以说，"类金融模式"为国美的快速扩张奠定了资金基础。

随着国美的发展壮大，凭借渠道上的优势，制定了 90 天的账期规范与供货商的货款结算。其实，账期本来存在于企业之间正常的资金结算模式，很多企业也存在类似的拖欠货款现象，但是国美凭借规模优势所占货款惊人，且善于加以利用，将这部分资金投向房地产、期货和证券，创造了惊人的财富。

国美"类金融模式"，如下图所示：

第三章
股权融资——中小企业的融资方式

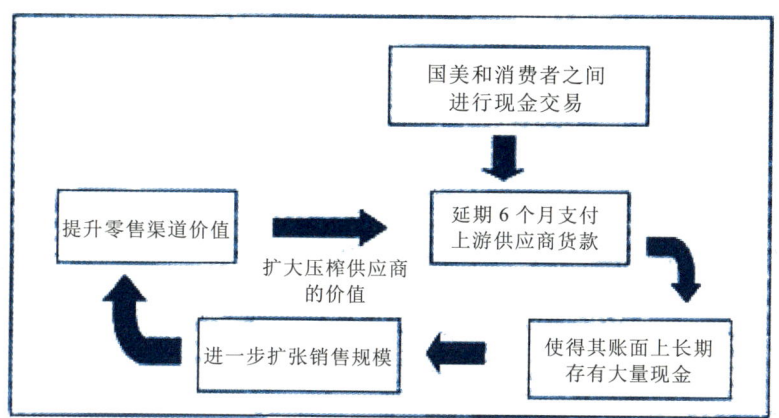

国美能够这样操作,来源于国美所做的是流通业。国美与消费者是现金结算,因此国美与供货商结款之前,现金在国美账上。在"供货商—国美—消费者"整个链条中,供货商处于劣势地位,他们向国美供货后,一般需要三到四个月的时间才能拿到货款。

"类金融模式"成型后,国美利用供货商的资金快速发展,扩大门面,而国美门店越多,这就意味着供货商的产品越多,国美销售的产品就会更多,账面上的现金也会更多,而有了现金,又可以开更多的门店。由此循环,国美的生意会越做越大。

为了保证销量,国美不断降低产品价格,来获取商品的畅销,这样带给国美的是更多的现金流。而与此同时,国美的供货商所处的形势越来越严峻,在国美卖的东西多,却赚得少。

在当下的互联网时代,商业信用同样适用于线上渠道。包括国美、苏宁、京东等网上商城扩张之时,类金融模式的应用非常普遍,下图所示,为京东、苏宁"类金融模式"。

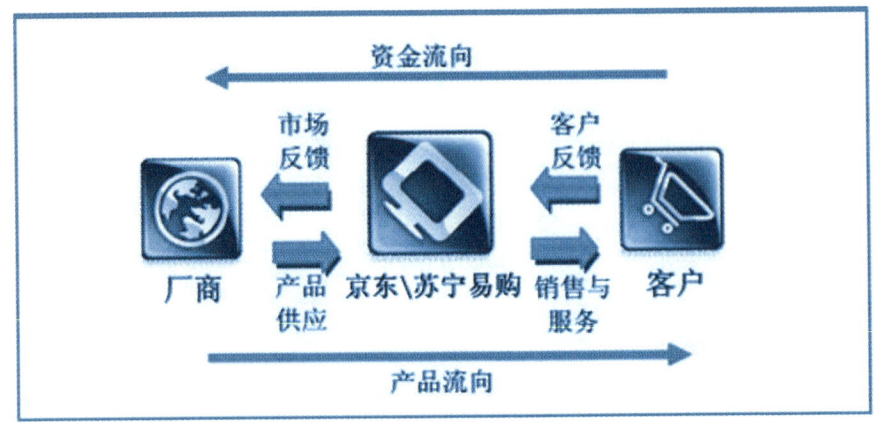

类金融模式基本的框架就是：企业利用规模优势和渠道优势，吸纳、占用供应商的资金，通过滚动方式供自己长期使用，从而得到快速扩张、多元发展的经营模式。

类金融模式保证国美、苏宁、京东等获得运营资金，并支持了国美、苏宁、京东主营业务的快速发展。类金融模式，是商品信用在商业中的引用，是从消费者手中拿钱，但是不支付给消费者利息，用于本企业经营扩张的一种金融模式。

这一"类金融"的预付模式，不仅在零售行业，在美容美发业、餐饮、洗车、洗浴等服务行业都对该模式情有独钟。比如，美容美发店办会员卡，提前交费这就是类金融模式。

可以说，这种预付卡在方便消费者的同时，也变成了商家的"变相融资"渠道。每张卡的金额从几百元到数千元甚至上万元，卖卡成了商家"圈钱"的新途径。

第二节　中小企业外部融资方式

外部融资是指企业向外部筹措资金而形成的融资来源。处于初创期的企业，内部融资的可能性是有限的；处于成长期的企业，内部融资往往难以满足需要。这就需要企业广泛地开展外部融资，如发行股票、债券，取得商业信用，向银行借款等。企业向外部融资大多需要花费一定的融资费用，从而提高了融资成本。企业融资时应首先进行内部融资，然后再考虑外部融资。

企业应当综合考虑通过不同融资方式进行融资的规模，优化资本结构的最终目标就是力求将融资成本降到最低，并将风险控制在可接受的范围内。这就必须正确处理好股权资金与债务资金的关系、长期资金与短期资金、内部融资与外部融资的比例和构成。

1. 企业授信融资

银行对一些经营状况好、信用可靠的企业，授予一定时期内一定金额的信贷额度，企业在有效期与额度范围内可以循环使用。综合授信额度由企业一次性申报有关材料，银行一次性审批。企业可以根据自己的营运情况分期用款，随借随还，企业借款十分方便，同时也节约了融资成本。银行采用这种方式提供贷款，一般是对有工商登记、年检合格、管理有方、信誉可靠、同银行有较长期合作关系的企业。

2. 增资扩股融资

增资扩股融资是指企业通过社会募集股份、发行股票、新股东投资入股或原股东增加投资等方式扩大股本来获得所需资金的一种融资方式。按扩充股权的价格与股权原有账面价格的关系，增资扩股融资可分为溢价扩股融资与平价扩股融资。按资金来源形式的不同，增资扩股融资又可分为内源融资与外源融资的增资扩股。这一融资模式的优点在于：增资扩股的资金属于企业自有资本，不需要还本付息，而即使分配红利，也需要根据企业经营状况来决定，所以基本上没有什么财务风险。增资扩股的"资金"既可以是现金，也可以是实物，还可以是场地使用权，无形资产和专利权作价。企业根据经营状况向投资者支付报酬，既灵活又有弹性，没有固定支付的压力，所以不会导致较大的财务风险。其不足之处在于：一方面是资金成本比较高，另一方面是增资扩股融资容易分散股权，投资者可能要求获得一定的经营管理权，会影响或者完全控制企业的经营。

3. 债权融资

债权融资是指企业通过借钱的方式进行融资。债权融资所获得的资金，企业首先要承担资金的利息。另外，在借款到期后要向债权人偿还资金的本金。

债权融资的特点决定了其用途主要是解决企业营运资金短缺的问题，而不是用于资本项下的开支。优点是具有控制权不受影响、融资成本相对较低和可获取财务杠杆效益等；缺点是面临定期的还本付息压力，财务风险较大，资金用途受限等。

4. 股权融资

股权融资是企业股东出让企业部分所有权获得资金的融资方式，债权融资是有偿使用企业外部资金的融资方式，二者的区别在于：股权融资是企业股东让渡一部分股权，使投资人成为股东，企业不用还债；债券融资需要还本付息，对企业资金压力较大，需要充裕的现金流。

股权具有长期性，融到的资金也具有长期性，除非投资人将股权转给其他股东；债券融资到了一定期限要还本付息，不能无限期使用。

股权融资引入的投资人和原有股东具有同样的地位，享受企业利益成长的同时需要承担经营风险；对于债券融资来说，借给企业的钱和收回的利息都是固定的，因此企业经营的好坏与债券人无关。

股权融资势必要稀释创始人股权，最终会影响公司的控制权；而债权融资跟股东的权益无关，不关乎企业控制权。

股权融资在不违反法律规定，符合双方约定的情况下，融资企业最后即使亏损、倒闭，也没有义务对股东进行赔偿；债权融资是借贷关系，企业即使亏损也有偿付义务。

常见的企业股权融资的方式有以下几种：

公开市场发售是指通过股票市场向公众投资者发行企业的股票来募集资金，包括我们常说的企业上市、上市企业的增发和配股都是利用公开市场进行股权融资的具体形式。

例如，万集科技（证券代码：300552）和集智股份（证券代码：300553）登陆创业板，通过公开市场发售方式募集资金。其中，万集科技公开发行新股 2670 万股，发行价格 12.25 元/股，新股募集资金 3.27 亿元；集智股份公开发行新股 1200 万股，发行价格 14.08 元/股，新股募集资金 1.69 亿元。

与其他融资方式相比，企业通过公开市场融资有突出的优点：募集资金的数量巨大，原股东的股权和控制权稀释得较少，有利于提高企业的知名度，有利于借助资本市场进行后续的融资。

但由于公开市场发售的门槛较高，企业只有发展到一定阶段，有了较大规模和较好盈利才有可能用这种方式融资。

私募发售，是指企业自行寻找投资人，通过出让股权获得资金支持，待发展壮大后再通过管理层回购、协议转让等方式重新获取企业股权。对大多数中小企业而言，较难达到上市发行股票的门槛，因而私募发售是融资的主要途径。

例如，三好网通过私募发售方式完成了三轮融资。公司成立之初，三好网获得磐谷创投 1300 万元天使融资；2016 年初，又获亦庄互联基金、沃衍资本、磐谷创投、金百朋 7500 万元 Pre-A 轮；仅 5 个月后，在 8 月初又获得清科集团领投的新一轮融资，且清科集团创始人、董事长倪正东和国际知名 PE 投资人罗德军亲自出任三好网董事。

私募发售的优点在于：产权关系简单，门槛低，无须进行国有资产评估，没有国有资产管理部门和上级主管部门的监管，大大降低了民营企业通过私募进行股权融资的交易成本，并且提高了融资效率。对于企业而言，私募融资不仅仅意味着可以获取资金，同时，新股东的进入也意味着新合作伙伴的进入。私募机构利用其专业知识，管理经验和广泛的商业网络为企业提供一系列投后服务，协助企业正确决策发展战略、建立现代化管理制度、招募高级管理职位、强化内部系统、优化资本结构等，从而实现企业高效率低成本运营、业绩和市场双重增长，帮助企业价值全面提升。

股权质押融资，是指企业以其所拥有的股权作为质押标的物而设立质押，获得融通资金的融资方式。

在融资过程中，出质人是指提供股权保证履行债务的人，质权人是接受出质股权享有变现权利的债权人。

相比于传统的融资方式，股权质押融资也有优势。股权质押只需要在企业股东和质押权人协商后即可将"静态"股权资产转化为"动态"资产，在股权质押期间，除转让股权和收取红利受到一定限制以外，出质人仍享有股东与出资人的地位，股东权利基本不受影响，具有时间短、方式灵活和不稀释股权的特点。

例如，新三板挂牌企业中山鑫辉精密技术股份有限公司，是中山最大的集设计与制造为一体的五金精密加工厂之一，由于企业自身经营发展需要，计划进行技术改造以及厂房建设以扩大规模，产生一定资金需求。但是，企业能提供的抵押物较少，通过传统银行授信方式较难获得银行授信。为此，企业创新融资方式，向中山中行质押股权6000万股，获得贷款1200万元，解决了企业资金问题。

5. 风险融资

风险投资（Venture Capital，缩写为VC）简称风投，又称创业投资，主要是向起步期的初创企业提供资金支持并取得该公司股份的一种投资方式。

职业金融家将风险资本投向新兴的、迅速成长的、有巨大竞争潜力的未上市公司（主要是高科技公司），在承担很大风险的基础上为融资人提供长期股权资本和增值服务，培育企业快速成长，数年后通过上市、并购或其他股权转让方式撤出投资并取得高额投资回报的一种投资方式。

风险投资的精神和核心体现在"风险"二字，其之所以被称为风险投资，是因为在这种投资中有很多的不确定性，给投资及其回报带来很大的风险。

一般来说，风险投资更青睐于高新技术的初创企业，这些企业的创始人都具有出色的技术特长，但是缺乏管理经验。而这项技术能否在短期内转化为实际产品并被市场认可，存在很大的不确定性，包括其他不确定因素在内，大家普遍认为这种投资具有高风险性，但是也不能否认它的高回报率。

风险投资家既是投资者又是经营者，他们大多具有很强的技术背景，同时具有专业的经营管理经验，这样的知识背景可以帮助中小企业经营管理者更好地理解高科技企业的商业模式，并帮助他们改善企业的管理和经营。

风险投资一般采用风投基金的方式来运作。风投公司作为普通合伙人管理风投基金，风投基金在法律结构上采取有限合伙的形式。

第三节　股权转让与增资扩股的实际应用

股权从某种意义上也可以说是对法人的控制权，取得了企业法人百分之百的股权，也就取得了对企业法人百分之百的控制权。股权掌握在国家手中，企业法人最终就要受国家的控制；股权掌握在公民手中，企业法人最终就要受公民的控制；股权掌握在母公司手中，企业法人最终就要受母公司的控制。这是古今中外不争的社会现实。

1. 股权转让款用于公司还是个人

股权转让会导致法人财产的所有权整体转移，却与法人财产权毫不相干。企业及其财产整体转让的形式就是企业股权的全部转让。全部股权的转让意味着股东大会成员的大换血，企业财产的易主。但股权全部转让不会影响企业注册资本的变化，不会影响企业使用的固定资产和流动资金，不会妨碍法人以其财产承担民事责任。所以，法人财产权不会因为股权转让而发生改变。

股权与合伙组织财产权的相互关系与以上情况类似。

股权虽然不能完全等同于所有权，但它是所有权的核心内容。享有股权的投资人是财产的所有者。股权不能离开法人财产权而单独存在，法人财产权也不能离开股权而单独存在。

股权根本不是什么债权、社员权等不着边际的权利。

人们之所以多年来不能正确认识股权与法人财产权，主要是因为人们没有看到它们产生的源头，没有研究二者内在的联系。一些人对法人的习惯认识还存在一定的缺陷。

我国公司法规定，股东有权通过法定方式，转让其全部出资或者部分出资。

股权转让协议是当事人以转让股权为目的而达成的关于出让方交付股权并收取价金，受让方支付价金得到股权的意思表示。股权转让是一种物权变动行为，股权转让后，股东基于股东地位而对公司所发生的权利义务关系全部同时移转于受让人，受让人因此成为公司的股东，取得股东权。根据民法典规定，股权转让合同自成立时生效。

但股权转让合同的生效并不等同于股权转让生效。股权转让合同的生效是指对合同当事人产生法律约束力的问题，股权转让的生效是指股权何时发生转移，即受让方何时取得股东身份的问题，所以必须关注股权转让协议签订后的适当履行问题。

股东优先购买权是股东享有的同等条件下优先购买其他股东拟转让股权的权利。该优先购买权是有限责任公司股东特有的一种法定权利。

公司法之所以规定股东享有优先购买权，主要目的是为了保证有限责任公司的老股东可以通过行使优先购买权实现对公司的控制权。该规定体现了对有限责任公司"人合性"的维护和对老股东对公司贡献的承认。

股东向股东以外的人转让股权，应当经其他股东过半数同意。股东应就其股权转让事项书面通知其他股东征求同意，其他股东自接到书面通知之日起满30日未答复的，视为同意转让。其他股东半数以上不同意转让的，不同意的股东应当购买该转让的股权；不购买的，视为同意转让。

经股东同意转让的股权，在同等条件下，其他股东有优先购买权。两个以上股东主张行使优先购买权的，协商确定各自的购买比例；协商不成的，按照转让时各自的出资比例行使优先购买权。

公司章程对股权转让另有规定的，从其规定。

2. 增资扩股如何应用

除了股权转让，还有一个重要的内容——增资扩股。

所谓增资扩股，是指融资公司增加注册资本，投资机构对增加部分的资本进行认购，成为新股东，并对公司进行出资，资金就会进入公司。

增加的资本进入资本公积金，资本公积金不得用于弥补公司亏损，但可以转增股本。我国公司法规定：公司新增资本时，股东有权按照实缴的出资比例认缴出资。

增资扩股全过程中涉及的税收主要为印花税，印花税税率为万分之五，相对来讲很少，基于增资扩股形式的特征，这是较多风投机构采取的投资方式。

对于投资者来说，收益主要包括股权投资所得及股权转让所得。

投资者为自然人，股权投资所得即股权转让所得均应缴纳个人所得税。

投资者为机构投资者，股权投资所得、股息红利等，又根据法人机构、非法人机构的不同而不同。

投资者为融资企业，主要是因生产经营行为而成为纳税主体，其所得税税负轻重直接影响投资者收益所得，进而影响投资者投资意向的选择。税收优惠是通过税收减免、税收抵免、扣除成本等方式减少融资企业的企业所得税应纳税额，减轻融资企业的税负，从而增加公司净利润。

创业投资企业采取股权投资方式投资于未上市的中小高新技术企业两年以上，可以按照其投资额的70%，在股权池有满两年的当年抵扣该创业投资企业应纳税所得额，当年不足抵扣，可在以后纳税年度结转抵扣，或创业公司本身享有税收优惠，对投资机构也很有吸引力。

3. 增资扩股后，工商注册股权比例如何计算

公司增资扩股后，工商注册股权的比例如何计算呢？

对此，我国法律并没有明确的规定，要由股权协商确定。

确定股权比例的原则，一般要先确定公司的原股东权益，然后根据原股东权益及增资的金额以确定增资后股东的股权比例。确定原股东权益，可以以公司净资产为准，也可以通过评估确定，具体与原股东和增资人协商。

比如，某公司现在的股东权益是180万，甲占40%，乙占60%，现在增资20万，那么，总股东权益是200万。新股东股权比例：10%=[20/（180+20）]。

增资后甲为36%=[(180×40%)÷200]，乙为54%=[(180×60%)÷200]。

4. 企业估值方式

未上市公司的估值方法有四种：

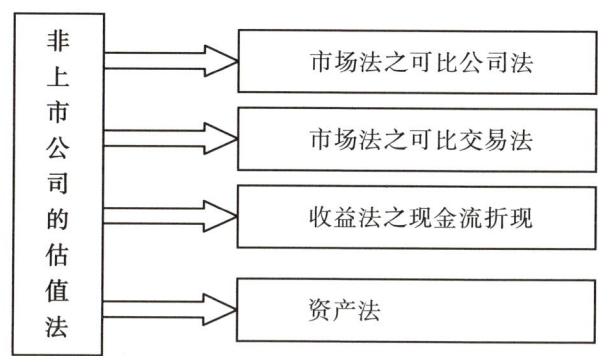

（1）市场法之可比公司法

对非上市公司进行估值，首先选择一家可以参照的同行业上市公司，计算出财务比率，然后用这些比率作为市场价格乘数来推断目标公司的价值。比如，P/E（市盈率，价格/利润）、P/S法（价格/销售额）。

国内风险投资市场，常常使用P/E法来对非上市公司进行估值。通常我们所说的上市公司市盈率有两种：历史市盈率（Trailing P/E），即当前市值/公司上一个财务年度的利润（或前12个月的利润）；预测市盈率（Forward P/E），即当前市值/公司当前财务年度的利润（或未来12个月的利润）。

投资人之所以投资，是看这家公司未来的盈利能力。

他们用P/E法估值就是：公司价值=预测市盈率×公司未来12个月的利润。

预测公司未来12个月的利润，可以通过这家公司的财务进行估算，那么估值的最大问题就在于如何确定预测市盈率了。一般来说，预测市盈率是历史市盈率的一个折扣。比如，某上市公司平均历史市盈率是40，那么预测市盈率大概是30，对于同行业、同等规模的非上市公司，参考的预测市盈率需要再打个折扣，一般为15~20。

对于同行业且规模较小的初创企业，参考的预测市盈率需要再打个折扣，就成了 7～10。这就是目前国内主流的外资 VC 投资对企业估值的大致 P/E 倍数。例如，如果某公司预测中小企业融资后下一年度的利润是 100 万美元，公司的估值就是 700 万～1000 万美元；如果投资人投资 200 万美元，公司出让的股份就是 20%～35%。

对于有收入但是没有利润的公司，P/E 就没有意义。比如，很多初创公司很多年也不能实现正的预测利润，那么可以用 P/S 法来进行估值，大致方法跟 P/E 法一样。

（2）市场法之可比交易法

挑选与初创公司同行业、在估值前一段合适时期被投资、并购的公司，基于中小企业融资或并购交易的定价依据作为参考，从中获取有用的财务或非财务数据，求出一些相应的中小企业融资价格乘数，据此评估目标公司。

这个方法的参照物是被投资的同行业的公司。比如，A 公司获得投资资金青睐，而 B 公司在业务领域跟 A 相同，经营规模上（比如收入）是 A 的两倍，那么投资人对 B 公司的估值应该是 A 公司估值的两倍左右。

（3）收益法之现金流折现

这是一种较为成熟的估值方法，通过预测公司未来自由现金流、资本成本，对公司未来自由现金流进行贴现，公司价值即为未来现金流的现值。

这种方法比较适用于较为成熟、偏后期的私有公司。

（4）资产法

资产法是假设一个谨慎的投资者不会支付超过与目标公司同样效用的资产的收购成本。这个方法给出了最现实的数据，通常是以公司发展所支出的资金为基础。

其不足之处在于假定价值等同于使用的资金，投资者没有考虑与公司运营相关的所有无形价值。另外，资产法没有考虑到未来预测经济收益的价值。所以，资产法对公司估值，结果是最低的。

5. 融资中的风险

股权融资的风险，主要存在以下三点。

（1）创始人的股权被稀释，控制权旁落的风险

股权融资引入的投资人和原有股东具有同样的地位，享受企业成长的利益的同时需要承担经营风险；对于债券融资来说，借给企业的钱和收回的利息都是固定的，因此企业经营的好坏与债券人无关。

股权融资势必要稀释创始人股权，最终会影响公司的控制权，而债权融资跟股东的权益无关，不关乎企业控制权。

在不违反法律规定，符合双方约定的情况下，融资企业最后即使亏损、倒闭，也没有义务对股东进行赔偿；债权融资是借贷关系，企业即使亏损也有偿付义务。

（2）投资人中途撤资的风险

除了股权被稀释外，关于投资人中途撤资的风险，要按照合伙协议的规定来处理。如果合伙协议约定不明确或者没有约定，未经全体合伙人同意，不能撤资。非要强行撤资不可的，撤资的合伙人应当承担由此造成的其他合伙人的一切损失（含已经投资的损失和预期的收益）。

所以，合伙企业一开始一定要就相关的条款做出明确的规定，比如什么时候可以撤资等，这样除了保证经营的正常进行，也可以在一定程度上保障自己的合法权益，避免自己承受不必要的经济损失。

（3）对赌协议的风险

股权融资的第三种风险是对赌协议的风险。

对赌协议，是投融资双方约定的投资保障工具。一般包含股权价格调整条款或估值调整条款，主要是为了保证投资方基本投资利益的实现而做出的特殊约定。

一般来说，对赌协议的核心条款包括：

补偿的触发条件，也就是划定业绩指标底线。低于业绩指标底线的处理规则。

一般对赌协议会规定两个底线，一个是不解约的补偿底线，另一个是解约回购股权的底线。触发补偿底线的，创业者就要以现金或者公司股权的形式给予投资人补偿，对赌协议继续履行；触发回购底线的，创业者就要以某个固定价格回购投资人的股权，对赌协议解除。对于创业者，对赌协议最大的风险就是失去创业公司的控制权，甚至造成创业公司破产而负债。

第四节　融资案例——企业内外部融资方法与实操

案例一：华为多方式融资，打造"组合拳"

华为从创业之初就给员工很高的工资，但实际上，它当时并没有足够的现金流去支付这些高工资，所以许多人不知道，华为早期员工并不能一下全部拿到高工资，每个月只能拿到一半的现金，另一半则是记在账上，成为"白条"。当然，这个"白条"以后是会偿还的。员工的那些"白条"，后来都变成了华为的内部股份，最后都得到了回报。

1994年之后，华为的年销售额达到8个亿，资金面大为改善，白条就再也没有打过。这时候，华为员工要再想购买公司的内部股票，就必须自己出资了。当然，其所出资金的来源，不是把自己的积蓄掏出来，而是直接把奖金转为股票，另外的差额，则可以有利息地向公司借款。

华为分配给员工的内部股票，不买不行。如果公司分给你10万股的股票，你要不买就意味着不和华为一条心，下一步升职、加薪都会受到影响。所以，华为通过分配内部股票，也在一定程度上解决了现金流的问题。

假如你在1998年时拿到1997年一年的奖金4万元，但分得股票8万，那你还要借钱倒贴4万元给华为买股票，结果1998年算下来还欠公司4万元！到1999年，8万股票的分红达60%，分红就只能还公司贷款而落不到自己口袋里。而且，分得上年的奖金8万元，但同时又分得了公司股票18万，因此员工还要反交给公司10万元！这10万元基本相当于员工 1998 年和 1999 年在华为两年的工资总额。

因此员工两年累计下来，奖金没拿过一分，还欠公司 10 万元，或者把两年的工资又全上交给了华为。但员工因此拥有总计达 26 万的股票！如果这位才工作两年的员工选择 2000 年初辞职，那么他可以拿到 26 万元 1 比 1 股票折合的现金，相当于 5 年的年薪。

只要不离开华为，员工实际上一直在欠公司的钱，或者倒贴给公司辛苦赚来的工资。如果华为一旦停止成长或关门，所有员工投入公司的钱都会血本无归。华为早期就是利用这种方式在一定程度上解决了现金流的问题，并将人才紧紧地捆绑在公司的大船上，将他们导向公司的整体利益和发展。

其实，这虽然是一种半强迫行为，但由于华为一直发展不错，所以那些"被迫"购买公司内部股票的员工，后来无不大获收益，无论在升职、加薪上，还是分红上，他们都被优先考虑。许多第一年出于谨慎考虑不买或者只买一部分公司股票的员工，第二年看着身边的同事分红，眼红不说，升职加薪还多少受到影响，就更郁闷了。因此，下一年再分股票时，他们会坚决买进。

任正非很早就从经济学的角度分析过，企业的发展和取得的收益来源于四个方面：工人的劳动、知识的创造、企业家的管理和风险资本的推动。企业由于这四方面的因素，赚了钱，获得了收益，如何去分配？

他认为，不能把创造出来的收益和利润全部都分光了，由工人的劳动、知识的创造、企业家的管理和资本的推动所带来的企业利润的累计，不能当期全部回报给其创造者，而是应该积累成资本，再投入企业的经营活动中去。

如果你过去一年给企业赚了 100 万元，企业应该除工资外再分给你 20 万元的报酬，但是华为不会把这 20 万元立即分给你，而是将它折算为公司的股本金，投入华为的资产中去，你应该分得的 20 万元奖金转化成了你持有公司的 20 万股股票。这就像证券市场上，有的企业分红，有的企业分股。这样，你拿了一手股票，而不是一手现金。

华为就是采用这种方式，将本应该给员工的报酬转化成了公司的发展资本金，使企业家、员工对企业的贡献和收益在公司的股本得到体现和报偿，从而使之对企业的发展持续发挥作用。可以说，员工只要对公司有所贡献，他对公司的资本金就有积累。

华为这样把分给人才的奖金，甚至工资又转成人才对企业进行风险投资的股票，又回到企业，成为企业的经营和运作资本，使华为获得了源源不断的进一步发展的资金。但是，这种做法在一些时候并不能从根本上解决公司资金短缺的问题，因为华为在研发和其他方面的投资太大了，即便把员工的工资和奖金全部截留，那也不过是一种利用自有资金的滚动式发展，无法从根本上解决公司在扩张过程中资金短缺的问题。所以，华为又想出了其他一些融资手段。

第一个手段就是"技术换市场"。

1993 年下半年，华为的 C&C08 数字机研发进入关键时期，许多物料都没有钱买，迫于资金压力，华为决定公开向社会转让电源技术，希望以转让技术的方式缓解短期资金之困。

华为转让电源技术的文本向社会明码标价地公开了转让细节，条件诱人：每种电源的技术转让费用为 20 万元，公司向接受转让的单位提供全部技术文件、生产工艺文件。接受转让的单位可派 3~5 人到华为学习有关电源的技术，并可到华为的生产线上实际学习电源生产技术及电源物料采购。而且，为了使转让单位在人员流动的情况下能够保证生产的连续性，华为可代为再培训人员，培训费用为每人每月 3000 元。同时，华为还可以向有关单位按接近成本的价格提供电源自动测试系统，无保留转让其技术。

为了尽快地达成"技术换市场"的目的,华为通过内刊《华为人》报的宣传、销售队伍一对一地沟通,寻求电信局的反馈。一开始的时候,这种公开叫卖的效果不是很明显,但是,它却为华为带来了另外的收益:各地电信局看到了华为的技术优势,华为的技术实力在无意中打开了客户的大门。

因此,1994年之后,华为电源的技术转让在全国遍地开花,华为通过转让电源技术与各地的电信局合资生产,即所谓"技术换市场"的模式,使华为的电源设备迅速渗透到全国各地。尝到甜头后,1994年10月,华为又将单位用户交换机拿出来做"技术换市场",结果不仅缓解了资金压力,而且还通过技术受让扩大了市场优势,可谓一举两得。

华为资金解困的第二个手段,就是广泛吸引"风险投资"。

通过合资达到"技术换市场"的目的,是外资进入中国后通用的手段,可谓效果显著。在任正非看来,既然拥有技术优势的外资可以这样做,像华为这种拥有自己的核心技术的民营公司一样可以这样做。华为也可以技术换市场、技术换资金,并且向合资公司输出管理。任正非很快就学会了这一点,而且他做得更绝:华为不只是与一个地方的邮电系统合资,而是与全国的邮电系统合资,广泛吸收股份。

更绝的是,华为不只是单纯地吸收风险投资,而是将风险投资的主要目标集中在各地既有资金又拥有市场的客户群身上。也就是以邮电系统为目标,主要吸收来自客户方的资金。华为采取的具体方式,是将其主营的交换机业务的生产和销售,与各地的邮电系统单位合作,重新组建一个公司,而华为公司入股并主导经营。

1992年,华为开始运筹与邮电系统的合资企业莫贝克公司,并于1993年正式启动。1993年4月24日,莫贝克公司创立大会一次会议正

第三章
股权融资——中小企业的融资方式

式召开，选举产生了董事会成员。除任正非外，董事会的主要成员均为各地邮电部门的负责人。据当时莫贝克公司董事会秘书处正式公开的资料显示，莫贝克公司是华为、西安邮电部第十所研究所和全国21家省会城市电信局发起创立的，旨在利用华为、邮电部十所的技术、人才优势和电信局的特殊地位，将生产和市场结合起来。首期参股单位的第一期资金到位数达5500万元。

为了加快公司注册成立，华为还派出专人到各股东方处办理、收集申报公司所必需的手续和材料。筹备工作在各股东方积极配合下迅速开展，深圳市政府于1993年12月10日以深府办复[1993]911号文批准，同意发起设立深圳莫贝克通讯实业股份有限公司。莫贝克以登记注册实收股本为注册资本，注册资本总额为8881.1万元。

在某种程度上，正是这笔主要来自邮电系统的8881.1万元的"风险投资"资金，拯救了1993年高研发投入下处于资金短缺中的华为。要知道，华为在1992年全年的销售额也不过刚刚过亿，这笔近9000万元的资金，对华为可谓是雪中送炭。

实际上，通过莫贝克这个公司平台所筹集的资金，确实是"风险投资"。虽然融资时华为给股东的年分红承诺高达30%，但华为当时的C&C08正在研发当中，没有人能保证它一定能研发出来。

通过莫贝克公司，华为与电信局客户间的资金和市场的紧密联盟形成，而且它在电信市场的市场通道也被正式打开，这对早期的华为突破市场及获得资金支持起到了至关重要的作用——1992年，华为的销售额刚过亿，到1993年，其市场销售额就达到了4.1个亿，1994年年底达到了8个亿，1995年则上升到了15个亿，1996年又达到了26个亿。可以说，从莫贝克成立开始，华为的销售额就开始了不低于200%的井喷式增长。

卖掉一块业务给竞争对手，也是华为解决资金问题的一个手段。

1999年底，任正非认为，国内电信器材供应商之间的竞争日益激烈，华为必须集中所有力量与对手竞争。因此，华为有必要转让或剥离所有与核心业务、主流设备不相干的产品线，把主要精力、资源从非核心业务中抽离出来。

经过前期对潜在买家的详细调查，华为初步确定美国爱默生公司为优质买家。因为美国爱默生公司相比其他买家在出价，或者是在投资结构上大致能够符合华为技术的要求。

2001年5月24日，爱默生电气有限公司最终以7.5亿美元（当时折合现金约人民币60亿元）收购安圣电气100%的股权，并承诺收购后将进一步加强安圣电气对中国客户的服务支持、技术支持和产品支持，承担安圣电气既有的债权债务。

安圣电气的出售，不但让华为把资源和精力集中到了核心业务上来，还为华为带来了大量的现金流，为华为的稳健发展打下了坚实的资金基础。

除了以上三种"找钱"手段，华为还有其他一些"找钱"手段，如在各地建区域的合资公司，首创高科技企业"买方信贷"，拍卖代理权等。

通过以上这些融资手段，华为庞大的研发投入及巨额的员工工资支出，才有了足够的资金来源。

这些融资手段，对许多公司来说可能无法直接搬过来使用，但它给了我们一种提醒，那就是只要敢于去想、去尝试，公司总有办法解决资金问题，而不用在"一棵树"上吊死——从银行贷不出款来，就找不到资金可用了。

案例二：众筹第一人"美微传媒"

很多人不理解什么是众筹，原因在于它是一个新事物，其实它很简单。众筹是由发起人、跟投人、平台构成。具有低门槛、多样性、依靠大众力量、注重创意的特征，是指一种向群众募资，以支持发起的个人或组织的行为。一般而言是，它透过网络上的平台联结起赞助者与提案者。群众募资被用来支持各种活动，包含灾害重建、民间集资、竞选活动、创业募资、艺术创作、自由软件、设计发明、科学研究以及公共专案等。

通俗地说，"众筹"就是聚众人之力量及资金来完成某事情。比如，在淘梦网，独立电影人可通过图片、视频、文字等形式，把电影拍摄的计划或剧本的内容，甚至只是一个电影想法发布到网站上，并预估拍摄所需要的目标资金、筹款天数及对支持者的回报。如果浏览淘梦网的网友对你的电影项目感兴趣，并愿意用资金来支持你，当你的项目在筹款天数内筹集到了目标资金，你就完成了一次成功的众筹。

众筹项目多通过互联网发布筹款项目并募集资金，相对于传统的融资方式，众筹更为开放，只要是大家喜欢的项目，都可以通过众筹这种方式获得项目启动的启动资金，为更多小本经营或创作的人提供了无限可能。

下面我们来看一个成功众筹的案例。

中国众筹第一人朱江，能够成为第一个吃螃蟹的人，实际是被逼的。

创业之前，朱江曾在喜之郎、九城、百度、爱奇艺等工作过，积累了不少人脉和经验。但是当他要创立一家媒体公司美微传媒时，为了找寻资金，半年内他见了150位投资人，但投资人几乎众口一词，美微传媒是一家轻资产的公司，风险太大，不投。这里说的轻资产，其实是文化传媒类公司的特点，靠人力资源的技术和创新，没有多少固定资产。

拉风投无望，朱江又转向了天使资金，他认识一帮土豪朋友，但由于要投资的是风险极大的产品，许多土豪也并没有投资。看来，哥们义气也帮不上忙了，创业融资靠熟人是没戏的，熟人到时候也不一定给钱。

2013年，美微传媒发起社会化融资，也就是众筹，在1个月的时间内，总共吸引1194位投资者和11个机构参与，融资金额540万元，以新思路为创业者开创了社会化融资新渠道。

这就是国内第一个做股权众筹的案例，美微通过淘宝卖股权，通过众筹，获得1194个众筹的股东，占到美微传媒股份的25%，目前整体融资500万元。最开始美微通过众筹获得384万元的启动资金，后来，在广州的演播厅，美微传媒又在老股东当中募资了一次，并且在24小时之内成功募集。

这就是朱江在淘宝网众筹融资的故事，其中包含了几个核心信息。

首先，在美微传媒的股份结构中，朱江及创始团队有足够的话语权。朱江占55%的股份，创始团队占10%的股份。1位投资人通过"现金+金融担保公司"500万元入股；1位投资者以品牌资源入股；有1170位众筹投资者通过法人代表协议代持股份；21位投资金额超过10万元以上，通过众筹入股，成为实名股东；1位股东是公司的天使投资人，是法人代表。

其次，朱江以他的人格魅力，让这1194名投资者，变成了美微传媒的铁杆粉丝，都变成了美微传媒的传播者。大家都将美微传媒的事，当作自己的事，这就是众筹的魅力之所在，将小股东变成公司的铁杆粉丝，省去了很多实际运营的推广成本。

再次，股权众筹虽然取得了成功，但重点在于募资后，针对投资人的管理。这些投资人需要知道自己所投资的公司的运营情况，如果了解的频次过少，难以全面了解公司的情况，但频次过高，又有介入公司运营之嫌。

最后，美微传媒的成功带有很大的偶然性，并不是说美微传媒成功了，同样的公司搞众筹一定能成功。一次众筹项目的成功，需要找到好的律师、合适的股东，越来越多的个案需要众筹平台的帮忙。

当下，股权众筹对于创业型企业来说是一次最大的机会，但股权众筹的企业由于参与的人数比较多，股东管理的难度也相应加大。对于创业型的企业，可以多考虑通过并购基金、信托计划等进行其他形式的融资。

第四章

激励机制

中小企业股权激励落地设计

股权激励是对员工进行长期激励的一种方法，是企业为了激励和留住核心人才而推行的一种长期的激励机制。股东为了使公司能持续发展，会把员工利益和公司利益紧密地联系在一起，形成利益共同体，以此提高员工的积极性和创造性，从而实现企业的长期目标。

股权激励不是分福利，也不是"分饼"，因此，企业在实施股权激励的过程中要严格遵循其客观规律。我们都知道股权激励是把"双刃剑"，运用得不好，不但不能提高员工的工作积极性，反而会磨灭员工的工作热情。有条件地给予激励对象部分股东权益，使其与企业结成利益共同体，从而实现企业的长期目标。

第四章
激励机制——中小企业股权激励落地设计

第一节 中小企业为什么必须做股权激励

实施股权激励计划，有助于优化家族企业的股权结构。如对中高管理层、核心员工实行股权激励，通过出让股权稀释大股东的股份，使高度集权的股权结构向相互制衡的股权结构转变，同时也吸引和锁定一批业界精英，共同完成企业战略目标。

股权激励的10大好处，本节将重点阐述几点。

1. 解放老板，有钱有闲
2. 统一思想，上下同欲
3. 降低薪酬，吸引留住人才
4. 提高离职成本，长期激励人才
5. 安抚老人，现在有回报，未来有保障
6. 优化组织结构，预设期权池，筑巢引凤
7. 让人才参与分红，展现能力
8. 用未来的财富，做当下的激励
9. 明确权责利，心甘情愿接受考核
10. 人才有归属感和荣誉感

1. 留住核心人才

很多企业都会面临一个尴尬的局面，辛辛苦苦培养出一个人才，结果在开花结果时跳槽或者离开公司去创业，不仅不感恩公司的栽培之恩，还成为老东家的竞争对手，这种人才流失的局面不仅伤害公司的利益，更伤害感情。另外，有些公司属于研发或者工程类企业，成长周期一般比较长，对员工而言，一旦有短期利益的诱惑，很容易造成人才流失，正所谓"人无恒产则无恒心"。面对这两种情况，如何通过股权激

励留住人才，促进员工长期稳定地伴随企业的发展对企业而言是值得深思的问题。

传统企业留人才的方法：

◆ 加工资

◆ 加资金

◆ 发年终奖加年终奖

◆ 私下给红包

◆ 按老板心意给，看谁顺眼

◆ 按人情给

实施股权激励，有利于吸引外部优秀人才，为企业不断输送新鲜血液。对于员工来说，其身价不仅取决于固定工资的高低，更取决于其所拥有的股权或期权的数量和价值。另外，拥有股权或期权也是一种身份的象征，是满足员工自我实现需求的重要筹码。所以，吸引和保留高层次人才，股权激励不可或缺。

2. 为了激发人才积极性

在很多企业中，譬如连锁类企业的店长、传统企业的高管等，很难用可量化的绩效考核办法，导致人才无法在体制中真正地发挥潜能，工作积极性比较差。面对这种情况，如何用股权激励打造出一套老板与人才"事业与命运绑定"的机制，才能让人才真正为公司干活像为自己干活一样？这就需要导入股权激励机制。

"合伙"是一种良好的激励机制，通过股权授予，可以有效弱化个人和企业之间的矛盾，有助于端正经营者的心态，使其更加关注企业的业绩，勤勉尽责地为企业服务，努力提高收入，不断降低经营成本，以此提高企业利润，提高企业的凝聚力和竞争力。

3. 解决企业人才新老更替的困境

有些公司福利不错，公司发展也很好，有一些人才从公司创业初期开始，一干就是十几年，甚至几十年，此时公司难免会出现人才新老交替的特殊转型期，出现"老人占位无为，新人难上位也无为"的局面，这样的情况如果持续下去，企业的发展势必日渐衰落，运用股权激励的方式不仅可以安抚创业功臣，还能激发能人上位，让企业焕发新的活力！

"时下英雄"是指那些对企业当下发展具有重要作用的人，比如掌握关键技术的技术骨干，掌握重要渠道的营销人员，负责产品推广的市场人员等。对于这类人员，我们可以授予"金手铐"，一方面利用股票期权、奖金红利等预期收入手段建立高管与股东之间的利益共享平台，留住人才，确保企业的可持续健康发展；另一方面，通过利益分享，最大限度地激发他们的潜能，为企业创造价值。

例如，采用期权模式，赋予"时下英雄"以约定的价格和时间购买公司股份的权利。由于角色的转变，员工认识到自己的工作表现直接影响到股票的价值，会更加努力地提升公司业绩，进而使公司资产增值，每股价值增长，从而在行权时获得更大的回报。一旦激励对象通过努力提升公司的股价后，选择出售股票期权获得升值收益，又会进一步激发他们工作的积极性。

考虑到"时下英雄"对公司发展的重要性，期权激励有必要对行权条件做出限制。比如，承诺服务期不少于几年，辞职离开则无法兑现等。

4. 整合上下游产业链，形成长期战略合作

公司上下游竞争激烈，短期利益无法形成长期的默契合作，通过股权激励整合上下游产业链，可以形成长期战略合作，促进未来获取更大的时长增值价值！

5. 更好地与资本市场对接

公司上市是与资本市场对接的门槛，一些临上市企业或者已经上市的企业，如何借用资本市场的杠杆效应快速做大企业，抢占先机，如何做好与资本市场的博弈，这都与股权激励密不可分，是需要企业家掌握的治理企业的法宝。

股权融资都伴随着对未来资本市场退出机制的考虑，投资机构利用其社会上的名望和资源，在资本市场上对公众投资人具有明显的号召力，将会十分有利于融资企业未来成功上市，以及提高上市后二级市场的估值。

6. 更多小老板共同操心

企业做到一定的阶段，老板一个人分身乏术，需要有更多人能像老板一样把企业的活当自己的活来干，让老板从业务和管理中脱身出来，做更加长远的规划和设计。真正高明的企业管理境界是"无为而治"，这应该是企业家共同追求的理想。

7. 解决企业传承问题

作为私营企业创始人，不是每一个富二代都能成为"创二代"，但是，

企业需要长期发展，必须要有很好的经营班子，此时如何掌握好企业的控制权和经营权，运用好股权激励的"一股独大（大股东控股），两权分离（经营权、所有权）"的策略就非常重要了，只要永久掌握好企业的控制权，让企业一代代传承下去就会顺理成章。

高管是指公司管理层中担任重要职务、负责公司经营管理、掌握公司重要信息的人员，主要包括经理、副经理、财务负责人等。高管能力强、资源广，不仅对薪酬要求高，而且对未来分配期望也高。例如，知名职业经理人唐骏，在先后进入盛大网络公司和新华都公司时，两次都对薪酬和股权有"双高"的要求。

高管作为公司资源的管理者和决策者，事实上决定了企业的战略和发展前景。优秀的经营者能够让企业得到迅猛的、超越竞争对手及行业平均水平的发展，如IBM在郭士纳的带领下，重新认识市场，重新定位自己，实现了企业文化转型和领导力改革，最终摆脱困境，焕发新的活力，并且引领计算机产业走向一个新的高度。再如，海尔的张瑞敏，通过其卓越的领导力将企业带向一个新的发展高度。

高管对于任何企业都是最特殊和重要的一群人，企业的命运与其行为密切相关，如何让企业高管充分施展才能对顺利实现企业目标意义重大。

对高管而言，单纯的薪酬激励显然无法满足其"胃口"，只有通过股权激励，实现利益共享与风险共担，让优秀的高管人员完成从打工者向企业老板的转变，才能在留住人才的同时让其发挥最大价值。

8. 促使企业长治久安

"合伙"的风险共担原则是一种良好的约束机制，有利于消除员工的一些短期行为，维持企业战略的整体性和长期性。

作为一般员工都会有一种"不安全感"的心理，这种心理促使员工为了获得短期利益而实施的一些行为，有时候可能会威胁到企业的长期利益和整体利益。合伙制通过股份授予的激励方式，使员工和企业结成长期的利益共同体，在心理上获得"安全感"，这对企业战略的顺利推行是一种保障，同时，能促使员工更加关注企业的长远发展，自觉抵制一切损害企业的行为。

但是，企业家对股权分配存在以下几大误区：

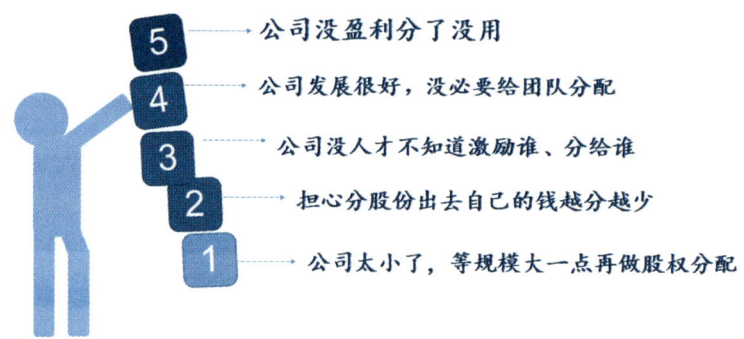

5 公司没盈利分了没用
4 公司发展很好，没必要给团队分配
3 公司没人才不知道激励谁、分给谁
2 担心分股份出去自己的钱越分越少
1 公司太小了，等规模大一点再做股权分配

在中国，李嘉诚家族的和记黄埔，何恒健家族的美的集团，刘惠妍家族的碧桂园，刘永行、刘永好兄弟的新希望集团，张建东、张近东兄弟的苏宁电器，荣氏家族的荣氏集团，都是著名的家族企业。

作为一种制度安排，家族企业将股权高度集中在家族成员手中，以血缘、亲缘为纽带结成一个小团体，方便内部成员间的沟通交流，降低信息不对称和成员间的协调成本，同时，各成员对家族有高度的认同感和一体感，使得家族成员为家族企业工作都是"各尽所能、各取所需"，不计较自己付出的劳动和获得的报酬是否处于合理的股权比例关系，从而使企业成员间的协调费用大大降低。

第四章
激励机制——中小企业股权激励落地设计

但随着市场变革速度的加快,现代企业制度盛行,这种完全由家族成员掌控的股权结构的弊端就显现出来了,家庭地位与股东地位不符,管理决策权与利益索取权失衡,内部监督制度缺乏……

如廖创兴企业、九牧王、真功夫、远东皮革、新鸿基地产、土豆网、谢瑞麟、天健集团等,都曾因家族企业股权结构不合理而产生过纠纷,导致企业业绩受损。因此,优化股权结构,实现个人、企业、家族的顺利传承,为更好的未来"备忘"已成为越来越多家族企业的共识与选择。

作为生产型企业,进行经销商和内部员工激励是股权激励的常见形式,下面我们看一个案例。

泸州老窖激励经销商和内部员工的案例

泸州老窖实施的经销商股权激励,是指泸州老窖通过让它的经销商持股来提高泸州老窖的销售规模,稳定泸州老窖与经销商的关系,提高泸州老窖的品牌知名度和中国白酒市场的占有率。显然,经销商股权激励旨在给予长期与泸州老窖合作的优质经销商入股企业,参与权益分配的机会,从而达到利益共享、相互捆绑的效果。

泸州老窖根据经销商的销量,直接让经销商持有主体公司股份,(这种股份是一种虚拟股)。销量越好,持有公司的股份就越多,这样一来,泸州老窖经销商和供应商及主体公司之间就建立了一种比交易更加牢靠的合作关系。

我们先来看泸州老窖的经销商激励背景

1993年6月,原泸州老窖酒厂发起股份制改造,并于1994年正式更名为泸州老窖股份有限公司,在深交所挂牌上市。

在白酒行业,当时流传最广的一句话就是"渠道为王,终端制胜"。这说明营销渠道对白酒企业的重要性,更诠释了渠道终端在渠道竞争中的核心地位。泸州老窖对渠道的竞争当然不甘下风。

在做股权激励之前,泸州老窖刺激经销商的方式是返点或者低价代理,但是竞争对手永远可以用更低的价格与你竞争,因此很难保证经销商的忠诚度。在这种背景下,2006年11月泸州老窖创造性地把经销商纳入了股权激励体系,把企业内部的激励扩展到上下游产业链的激励。

2006年11月,泸州老窖以12.22元/股的价格,向十名战略投资者(其中八名为经销商)定向发行3000万股普通股。该部分股份将锁定12个月,于2007年12月4日上市流通。本次非公开发行对象情况如下表:

发行对象名称	是否为经销商	认购金额(万元)	认购数量(万股)
山东国窖酒业销售有限公司	经销商	6224.88	509.40
保定市隆华商贸有限公司	经销商	2029.00	166.00
上海荣生实业公司	经销商	1528.00	125.00
石家庄桥西糖烟酒食品股份有限公司	经销商	1504.00	123.00
汕头市金平区金叶酒类商行	经销商	1222.00	100.00
深圳蓬鹏实业有限公司	经销商	1002.04	82.00
佛山市南海区大沥陆升酒类商行	经销商	1503.06	123.00
桐乡市糖业烟酒有限公司	经销商	1002.04	82.00
泸州市兴沪投资集团有限公司	非经销商	19424.91	1589.60
博时基金管理有限公司——裕隆证券投资基金	非经销商	1222.00	100.00

泸州老窖通过这种非公开发行募集资金以及与经销商结成战略联盟后,公司经营业绩显著提高,并逐步解决了经销商长期拖欠货款的老大难问题。

泸州老窖内部员工激励

除了经销商激励,泸州老窖还实施内部员工激励政策。

泸州老窖比较知名的有两次股权激励计划,2006-2010年第二次制订的股权激励计划成功实行,对公司的业绩提升有很大的帮助。

第四章
激励机制——中小企业股权激励落地设计

泸州老窖扩大了激励对象的范围，尤其是技术人员的比例，并取得了良好的效果。按照当时的计划，整个公司将拿出 2400 万份股票期权对公司高管及核心骨干进行激励，占股本总额比例为 2.85%。

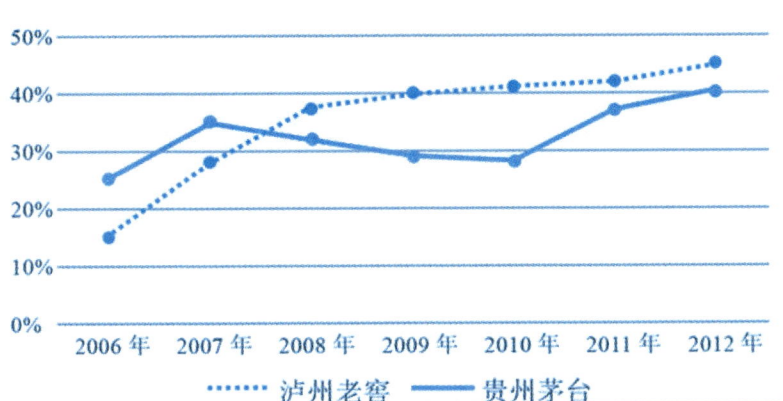

两个公司净资产收益率对比图

从上图可以看出在泸州老窖做出股权激励后，贵州茅台和泸州老窖的业务明显开始趋近。泸州老窖势头稳步增长。

第二节　股权激励方案怎么设计

现在社会上流传着这样一句话：70后既愿意上班又愿意加班，80后只愿意上班不愿意加班，90后既不愿意上班也不愿意加班。这是一个社会现象，我们不需要去讨论这个现象的对与错、利与弊，因为无论如何这个社会将会是80后、90后的天下。我们没有办法来回避这个群体，我们需要做的就是如何根据这个群体的特性来考虑、设计我们的激励模式，让这群新生的力量发挥应有的作用。

1. 股权激励的三种形式

股权激励的形式多样，大体可分为三类：

（1）直接授予激励对象股权：让激励对象成为公司股东，直接持有公司的股权，激励对象达到一定条件后，享受公司的利润分配。

（2）间接授予激励对象股权：设定持股平台，激励对象通过持股平台间接持有公司一定的股权，激励对象达到一定条件后，通过持股平台享受公司的收益。

（3）给予激励对象股权增值收益：激励对象并未持有公司的股权，公司和激励对象签署协议，激励对象达到一定条件后，公司根据双方的约定，将股权增值收益分配给各激励对象。

2. 持股平台的搭建和公司的资本市场规划

在新三板挂牌企业中,较为常见的股权激励方式为间接授予激励对象股权。通过搭建持股平台,为公司员工提供激励。

从《非上市公众公司监管问答——定向发行(二)》中可以得出以下信息:

(1)持股平台包括以下类型:公司法人,合伙企业,私募股权基金、资产管理计划等接受证监会监管的金融产品。

(2)公司法人、合伙企业类的持股平台参与定向发行,将受到限制,如果持股平台不能参与定向发行,可能面临股权被稀释的风险。

对于企业来讲,选择何种持股平台,就具有十分重要的意义。公司这时仍旧要选择和自己发展阶段相符的持股平台。对于持股平台的选择,要和公司资本市场的布局节奏相符。在企业处于不同的资本市场布局阶段,要选择不同的持股平台。

3. 股权激励方案的内容

股权激励方案的内容如下:

- ◆ 股权激励计划的目的和原则。
- ◆ 股权激励计划的管理机构。
- ◆ 股权激励对象的确定。
- ◆ 激励股份的来源、数量和价格。
- ◆ 持股平台的搭建。
- ◆ 股权激励计划的有效期、限售期、解锁安排。
- ◆ 股权激励对象获授股权条件。
- ◆ 股权激励计划的实施程序。

- ◆ 公司、激励对象的权利和义务。
- ◆ 公司、激励对象发生异动的处理。
- ◆ 其他内容。

4. 股权激励计划的目的原则及管理机构

对于大部分企业来讲，股权激励计划的目的和原则基本没有太多的差异。

（1）股权激励计划的目的：稳定公司核心团队，调动员工工作的积极性，完善公司的股权结构和治理结构，确保公司持续、平稳、快速发展。

（2）股权激励计划的原则：自愿原则（公平、公开、公正的原则），合法合规原则，激励与制约相结合原则，收益和贡献对等原则。

（3）股权激励计划的管理机构。对于非上市公司，股东会或股东大会作为公司的最高权力机构，负责审议批准股权激励计划的实施、变更和终止；股东会授权董事会或执行董事执行具体方案，股权激励计划的执行管理方为公司的董事会或执行董事；监事会或监事是股权激励计划的监督机构。

对于上市公司来讲，股东大会作为公司的最高权力机构，负责审议批准股权激励计划的实施、变更和终止；股东大会授权董事会执行股权激励方案；董事会为股权激励计划的执行管理机构，负责股权激励计划的实施；董事会下设薪酬考核委员会负责拟订和修订股权激励计划，报请董事会；监事会和独立董事是股权激励计划的监督机构。

5. 股权激励对象的确定

对于股权激励对象，需要注意的是股权激励对象的负面清单，以及对于预留股权激励对象的确定。特别是上市公司，对于股权激励对象的范围有着明确的规定，在进行股权激励时，要特别注意其负面清单。

（1）股权激励对象的负面清单：《上市公司股权激励管理办法》规定的负面清单，公司确定的清单。

（2）预留股权激励对象的确定。进行股权激励时，通常会预留部分股权，留给尚未确定的股权激励对象。对于非上市公司，对于预留的激励股权，人选确定后，由公司董事会确定后，报请股东会或股东大会批准。

6. 激励股份来源、数量和价格

（1）非上市公司激励股份的来源、数量和价格

对于非上市公司激励股份来源可以来自公司大股东的转让、公司定向增资发行；股份的数量和价格可以由公司董事会、执行董事根据公司的具体情况而定；中间涉及税收问题外，法律没有过多的限制性规定。

（2）上市公司激励股份的来源、数量和价格

对于上市公司激励股份的来源，《上市公司股权激励管理办法》第12条规定：

拟实行股权激励的上市公司，可以下列方式作为标的股票来源：

- ◆ 向激励对象发行股份；
- ◆ 回购本公司股份；
- ◆ 法律、行政法规允许的其他方式。

7. 持股平台的搭建

对于部分上市公司来讲，除用证监会认可的金融产品作为持股平台外，实践中常见的持股平台为有限合伙企业。设立有限合伙企业作为持股平台，有限合伙企业的执行事务合伙人由公司的控股股东担任，股权激励对象作为有限合伙人。合伙企业名称：某某投资管理中心（有限合伙）。

合伙企业经营范围：对本企业自有资金的投资管理、投资咨询、项目投资（不得经营金融、证券、期货、理财、集资、融资等相关业务。依法须经批准的项目，经相关部门批准后方可开展经营活动）。

有限合伙企业作为持股平台，属于特定目的的股东，不从事其他任何经营活动，不做任何其他用途。

8. 激励股权的回购价格

对创业公司来说，股东之间的志同道合尤为重要，因此股权分配需要从正向和反向两个维度进行考虑。既要从正向保障创业者同舟共济时的公平和激励问题，也要从反向考虑某些特殊情形下如创业者离职退出、离婚、继承等情形下公司股权的回收问题。

回购制度是平衡股东退出和公司利益的重要制度途径，但是公司法对有限责任公司的股份回购是有限制性规定的（尽管这种规定在实务中是有争议的），因此在设计回购条款时，应注意以下几个问题：一是回购条款最好由公司指定的其他股东实施，且应注意回购定价的公平性；二是回购条款的适用范围能够涵盖公司股权分配的反向所需；三是应将回购条款和股权转让制度综合考虑、糅合设计。

第三节 中小企业如何在不增加薪酬的情况下留住并激励人才

股权激励制度，是公司为了激励和留住核心人才，而推行的一种长期激励机制。有条件地给予激励者部分股东权益，使其与企业结成利益共同体，从而实现企业的长期目标。

1. 超额利润分红股——超出的利润进行分配

对于核心人才或者操盘手前期最适合的激励方式之一，基于上年度利润为本年度基础利润，超出去年利润增长部分给予激励对象股份分红，目的是初步考核激励对象的能力，给激励对象一次拿结果的机会。

2. 在职分红股——对重要岗位进行激励

对于公司核心管理以及技术或者运营比较重要的岗位进行配在职股，对岗位的重要性与贡献值对岗不对人地进行不同比例的配股额度激励。这也就是我们常说的干股。所谓干股，是指以一个有效的赠股协议为前提，股东不必实际出资就能占有公司一定比例股份份额的股份。企业股东无偿赠予股份，被赠予者享有分红权，按照协议获得相应的分红，但不拥有股东资格，不具有对公司的实际控制权。其实，干股协议在一定程度上就是分红协议。

3. 期股——部分首付，分期还款

期权是国际上最为经典、使用最为广泛的股权激励模式。它是指企业所有者授予激励对象（如高管人员、技术骨干）购买本公司股票的选择权，具有这种选择权的人，可以在规定的时期内（锁定期）以事先约定好的价格（行权价）购买公司一定数量的股票（此过程称为行权），也可以放弃购买股票的权利，但股票期权本身不能转让。

4. 限制性股票——对激励对象有效管控

限制性股票是指事先授予激励对象一定数量的公司股票，但对股票的来源、出售条件做出限制，只有在激励对象工作年限或业绩目标符合股权激励计划规定条件后，才可出售限制性股票并从中获益。

限制性股票的特点主要体现在限制条件上，一是获得条件，二是出售条件。但一般来看，出售条件是重点。

5. 虚拟股——所有权和收益权分离

虚拟股是指公司授予激励对象一种虚拟的股，激励对象可以据此享受一定数量的分红权和股价升值收益，但没有所有权，没有表决权，不能转让和出售，在离开企业时自动失效。

虚拟股权模式具有以下三个特点：

第一，形式上的虚拟化。虚拟股票不同于一般意义上的企业股权，是形式上的虚拟化。公司为了很好地激励核心员工，在公司内部无偿地派发一定数量的虚拟股份给公司核心员工，其持有者可以按照虚拟股份的数量，按比例享受公司税后利润的分配。

第二，股东权益的不完整性。获得虚拟股票的激励对象，只能享受到分红收益权，即按照持有虚拟股票的数量，按比例享受公司税后利润分配的权利，而不能享受完整的普通股股东权益，如表决权、分配权等。

第三，无偿性。与购买实有股权或股票不同，虚拟股票由公司无偿赠送或以奖励的方式发放给特定员工，不需员工出资。

6. 股票增值权——通过股票增值获利

股票增值权是指公司授予激励对象的一种权利，如果公司股价上升，激励对象可通过行权获得相应数量的股价升值收益，激励对象不用为行权付出现金，行权后获得现金或等值的公司股票。其特点如下：

第一，不拥有实际股权。享有股票增值权的激励对象不实际拥有股票，也不拥有股东表决权、配股权、分红权等。

第二，不能转让和用于担保、偿还债务。由于股票增值权的享有者没有所有权，因此，其持有权利不能转让和用于担保、偿还债务等。

第三，股票增值权与股票价格挂钩。每一份股票增值权的收益=股票市价－授予价格，与股票价格挂钩。

7. 业绩股票——业绩指标决定一切

业绩股票是股权激励的一种典型模式，指在年初确定一个科学合理的业绩目标，如果激励对象到年末时达到预定的目标，则公司授予其一定数量的股票或提取一定的奖励基金购买公司股票；如果未能通过业绩考核或出现有损公司的行为、非正常离任等情况，则其未兑现部分的业绩股票将被取消。

业绩股票模式下，股权的转移由激励对象是否达到了事先规定的业绩指标来决定。其特点如下：

第一，激励奖金与利润挂钩。业绩股票激励模式下，激励对象的年度激励奖金建立在公司当年的经营业绩基础之上，直接与当年利润挂钩，公司每年根据高管的表现，提取一定的奖励基金。

第二，按照购买本公司股票方式完成。公司奖励基金的使用是通过按当时的市价从二级市场上购买本公司股票的方式完成。

第三，在行权时间、数量上有限制。持有业绩股票的人员在行权时间、数量上均有一定的限制。

第四，强制性。激励对象的激励奖金在一开始就全部或部分转化为本公司的股票，实际上在股票购买上有一定的强制性。

8. 延期支付——为管理层设立的延迟账户

延期支付是指公司为激励对象设计一揽子薪酬收入计划，其中有一部分属于股权激励收入，股权激励收入不在当年发放，而是按公司股票公平市价折算成股票数量，在一定期限后，以公司股票形式或根据届时股票市值以现金方式支付给激励对象。

也就是说，公司将激励对象的部分薪酬，例如，年度奖金、股权激励收入等按当日公司股票市场价格折算成股票数量，存入公司为管理层人员单独设立的延期支付账户。在既定的期限后或在该激励对象退休以后，再以公司的股票形式或根据期满时的股票市场价格以现金的方式支付给激励对象。

9. 管理层收购——经营者持股经营

管理层、原始股激励收购是指公司管理层或全体员工利用杠杆融资购买本公司的股份,成为公司股东,与其他股东风险共担、利益共享,从而改变公司的股权结构、控制权结构和资产结构,实现持股经营。

10. 员工持股计划——员工个人出资认购

经营者、人才持股,是指让激励对象持有一定数量的本公司的股票,这些股票是公司无偿赠予激励对象的,或者是公司补贴激励对象购买的,或者是激励对象自行出资购买的。激励对象在股票升值时可以受益,在股票贬值时受到损失。

第五章

激励实操

中小企业股权激励落地实操细节

　　常言道,细节决定成败。股权的落地细节也往往决定股权配置成功与否。股权激励的本质是通过股权调动员工积极性,发挥员工主人翁精神,促进公司发展再上新台阶。股权落地也讲究因地制宜,不同的公司行业不同,发展阶段不同,管理制度健全程度、管理风格、业务模式各有不同,靠一套模板去完成股权激励,往往适得其反。设计出符合企业发展阶段、管理模式、业务需求的个性化激励方案及配套制度才具有可操作性。

第五章
激励实操——中小企业股权激励落地实操细节

第一节 中小企业如何导入股权激励

当前,股权激励方式已经成为世界各国公司激励员工、促进企业长期发展的一种重要手段,但如何让股权激励发挥最大效应,管理者需要从方案设计入手,以股权为核心,考虑股权激励的模式、数量、价格、周期、授予条件等,真正把员工的利益和公司的战略发展结合起来,形成权利和义务相互匹配的所有权、收益权、控制权和管理权关系。

然而,在股权激励实施过程中,往往存在以下问题:

那么,中小企业应该如何引进股权激励呢?

1. 定目的——股权激励的目的不同，方法和结果不同

在企业发展的不同阶段，股权激励的目的也不同。

（1）初创期，打造"钢铁侠"团队

初创阶段的公司无论是新产品还是新技术，都面临着不被市场认可或何时认可的风险，而且初创期的公司绝大多数都没有实现盈利，资金匮乏、品牌认知度低、人才难招、管理混乱等都是常见的局面。在这种情况下，想要打造一支"钢铁侠"团队，不妨采用虚拟股权激励。

干股是一种简单有效的激励模式，加上授予者不拥有企业实际股权，相对安全，比较适合初创企业股本小，盈利能力欠佳的特点。

例如，方太公司就曾用干股激励，让全体员工共享企业成长。公司向所有两年以上工龄的员工赠送"干股"，规定次年分红两次。享有"干股"的职工不需要投资入股，企业根据个人岗位、职级、绩效、出勤、贡献大小等因素，同时兼顾团队的业绩利润和企业的整体业绩利润，来确定每位员工获得的干股数量，员工依据自己持有"股份"的多少参与分红。方太最初拿出了净利润的5%用于干股激励，后来又将其比例上调至10%左右，随着公司销售利润节节攀升，员工的分红也随之增加。

（2）成长期，不能被按下的"暂停键"

成长阶段是企业规模扩大、营收增加的时期。在这一阶段，公司的首要目的是获得长期持续迅速发展，因此，企业除了大力开发新产品、提高产品知名度、进一步扩大市场占有率外，还要不断完善公司内部管理机制，以防止因管理不当，引发制造成本过高、财务失控、市场增长缓慢等风险。

公司在这一阶段实施股权激励计划，通常能得到激励对象的拥护和支持。因此，公司应该选择力度较大的股权激励模式，比如业绩股票、

员工持股计划、期权激励等，适当扩大激励对象的范围，把对公司发展有重要作用的高管人员、核心技术人员和业务骨干纳入激励范围，使其与公司形成利益共同体，实现企业的快速持续发展，就像不能被按下的"暂停键"。

（3）成熟期，"芝麻开花"计划

企业进入成熟期后，客户群稳定，营收稳定，此时的市场风险最小。但随着市场上同类产品不断涌现，竞争日趋激烈，企业市场增长放缓，库存增加，价格战成为重要的营销策略。因此，降低成本和研发新产品将成为公司的重点工作。在这种情况下，企业实施股权激励要达到的目的就是稳定现有企业骨干人员，激励他们更加努力地工作，在业绩上"芝麻开花节节高"，把公司做大做强。

因此，在这个阶段，企业可视具体情况，选择业绩股票、期权、股票增值权、延期支付等激励模式。

（4）IPO后，业绩"闪瞎眼"

企业上市后，只有持续的业绩增长，才能吸引投资者，使股价上涨，迅速聚集财富。不妨实行股权激励计划，建立企业的利益共同体，促使经营者大胆进行技术创新和管理创新，从而降低成本，提高企业的经营业绩和核心竞争能力，使业绩遥遥领先。

IPO后企业股权激励的模式主要有期权和限制性股票。

2. 定类型——针对不同人有不同类型的股权保证激励

股权激励的模式很多，非上市公司股权激励的模式主要有股票购买计划、期股计划和虚拟股票等方式。其中，直接购买的股票多为限制性股票，持有股份的激励对象拥有股份的所有权、分红权、表决权、增值权和继承权等，激励对象只有在工作年限或业绩目标符合股权激励计划规定条件的，才可出售限制性股票并从中获益。

期股计划是公司现有股东给予激励对象一定数额股份的分红权和表决权，这部分股票可以称为虚拟股，虚拟股是公司授予激励对象的一种虚拟的股票，激励对象可以据此享受一定数量的分红权和股价升值收益，但没有所有权和表决权，不能转让和出售，在离开企业时自动失效。当激励对象在工作年限或业绩目标符合股权激励计划规定条件时，可以按照事先约定的价格购买这部分虚股，将其转化为实股。

一般来说，激励对象在获取股权时必须达到或满足一定的条件，达不到条件就不能获取股权。这种条件包括两个方面：

一是公司的资格必须符合要求，即公司必须符合股权激励相关法律法规的要求。

二是激励对象的资格必须符合要求，即激励对象必须达到相应的业绩，满足考核要求。

3. 定规定——操作过程中的相关规定，保证激励效果

在一般情况下，公司若发生控制权变更、合并、分立，已授出的股权激励标的和股权激励计划不作变更。

若激励对象发生职务变更、离职、死亡等变化，激励计划要做出相应调整。

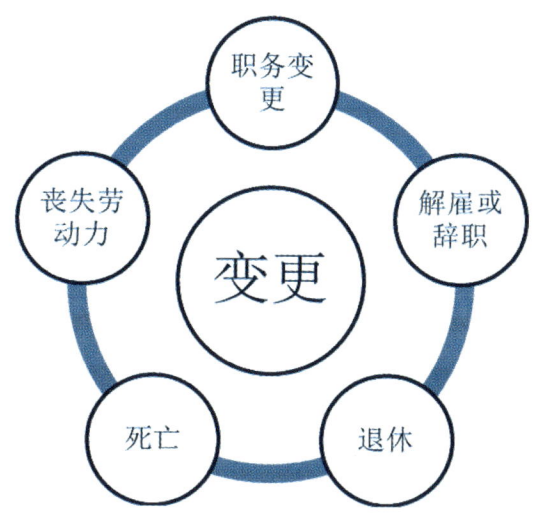

股权激励计划的变更因素

第一，**职务变更**。激励对象因个人原因不能胜任工作岗位、考核不合格、触犯法律、违反职业道德、泄露公司机密、失职或渎职等行为严重损害公司利益或声誉而导致的职务变更，经公司董事会提名、薪酬与考核委员会批准并报公司董事会备案，可以取消激励对象尚未行权的股权激励标的。

第二，**解雇或辞职**。激励对象因触犯法律、违反职业道德、泄露公司机密、失职或渎职等行为严重损害公司利益或声誉而被公司解聘的，经公司董事会提名、薪酬与考核委员会批准并报公司董事会备案，可以自离职之日起取消所有尚未行权的股权激励标的；激励对象因个人原因辞职的，可以自离职之日起取消所有尚未行权的股权激励标的。

第三，**丧失劳动能力**。激励对象因执行职务负伤而导致其丧失劳动能力的，其所获授的股权激励标的不做变更，仍可按规定执行。

第四，**退休**。激励对象因退休而离职的，其获授的股权激励标的当年已达到可行使时间限制和业绩考核条件的，可行使的部分可在离职之日起的 6 个月内行使，尚未达到可行使时间限制和业绩考核条件的不再行使。

第五，死亡。激励对象死亡的，自死亡之日起所有尚未行权的股权激励标的即被取消。

上市公司对已通过股东大会审议的股权激励方案进行变更的，应当及时公告并提交股东大会审议，且不得包括下列情形：导致加速行权或提前解除限售的情形，降低行权价格或授予价格的情形。

4. 定转变——不同类型股份之间的转变

股权激励计划的运行机制包括股权激励计划的管理方式及股权激励计划的调整等。在公司层面，股权激励的决策机构是股东大会，日常的领导和管理由董事会负责，在一般情况下，董事会下设薪酬委员会，负责股权激励计划的具体管理，股权激励工作的监督一般由监事会负责。股权激励计划的调整包括两种情况：

一是正常股份变动下的调整，如送股、配股、增发新股、换股、派发现金股息等。

二是公司发生重大行为时的调整，如公司在生产经营中发生并购、控制权发生变化等情况。股权激励计划中应该明确这些运行机制。

5. 定对象——对谁激励对谁不激励

股权激励对象应该是对公司具有战略价值的核心人才，一般来说，包括管理层人员、核心技术人员、有突出贡献人员和优秀员工，同时还要考虑法律限定。

第五章
激励实操——中小企业股权激励落地实操细节

核心人才一般指拥有关键技术、控制关键资源、掌握核心业务、支持企业核心能力，能够帮助企业实现公司战略目标和保持、提高公司的竞争优势，或能够直接帮助主管提高管理业务能力、经营能力和抵御企业管理风险能力的员工，包括高管类、技术类、营销类现有人员和未来需要引进的人员。

股权激励核心人才

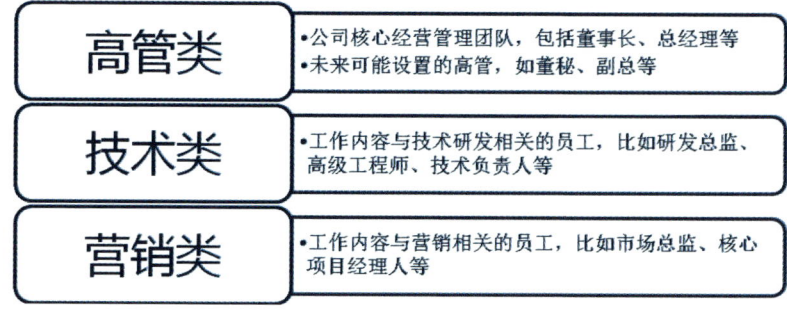

核心人才范围

6. 定价格——股权价格

定价格是指确定激励对象为了获得每份激励标的而需要支付的对价。对于激励对象来说，激励标的的价格越低，对其越有利。但是，过低的激励标的价格会有损股东的利益。因此，在确定激励标的价格时，既要考虑激励对象的承受能力，也要考虑到保护现有股东的合法权益。

非上市公司股权激励标的的价格确定，可以参考以下几种方法：

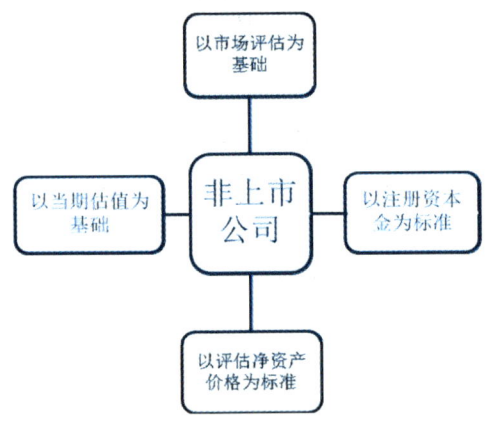

非上市公司股权激励价格确定

第一，以注册资本金为标准的行权价格。企业的注册资本金与净资产相等或相差不大时，每份股权激励标的的行权价格可以直接设定为1元/股，也可以根据企业实际的经营状况和资产情况，以注册资本金或者净资产为基础，选择一个适当的折扣比例来确定行权价格。

第二，以评估的净资产的价格为标准的行权价格。企业的注册资本金与净资产相差较大时，每份股权激励标的的行权价格应该设定为公司授予激励对象时经过评估的每股净资产值。

第三，以市场评估为基础，确定行权价格。对于高科技企业，可以采用市场评估的方法，也就是以同行业同类型公司的市场价格为参考，进行一定的折扣后，作为股权激励标的的行权价格。

第四，以当期估值为基础，确定行权价格。对于境内互联网企业，可以按照企业融资估值的一定比例来确定行权价格。一般来说，初创企业的定价为估值的 5%~10%。

现实中，企业价值的估值方法各种各样，所以非上市公司的股权激励标的行权价格的确定也有很多种方法，企业应根据公司的实际情况和战略需要，灵活选择适当的方法处理。

7. 定数量——持股数量

这里的数量包括股权激励的总量和个量，企业的股本、薪酬规划、留存的股权数量、其他福利待遇都是影响激励总量的关键因素。一般来说，企业进行股权激励时，要保障原有股东对公司的控制权，并根据薪酬水平及留存股票的最高额度确定股权激励总量。而单个激励额度的确定，需要参照国家相关法律法规的要求，利用价值评估工具对激励对象的贡献进行评估，并平衡股权激励对象的收入结构，从而确定每个激励对象可以获得的股权激励数量。

8. 定时间——持股时间

定时间包括确定股权激励计划的有效期、授权日、等待期、可行权日和禁售期。

股权激励计划的有效期自股东大会通过之日起计算，一般不超过10年。股权激励计划有效期满，上市公司不得依据此计划再授予任何股权。

在股权激励计划有效期内，每期授予的股票期权，均应设置行权限制期和行权有效期，并按设定的时间表分批行权。

在股权激励计划有效期内，每期授予的限制性股票，其禁售期不得低于2年。禁售期满，根据股权激励计划和业绩目标完成情况确定激励对象可解锁（转让、出售）的股票数量。解锁期不得低于3年，在解锁期内原则上采取匀速解锁办法。

下面我们来看一个案例。

苏泊尔在2013年推出股权激励计划，拟向激励对象授予限制性股票总计580万股，授予价格为0元。该限制性股票来源为公司从二级市场回购的公司股份。其中，首次授予权益562万股，约占本激励计划签署时公司股本总额的0.886%，预留18万股，公司董事长苏显泽获得限制性股票30万股，财务总监徐波获得24万股，副总兼董秘获授12万股。

该激励计划的有效期为五年，在12个月锁定期满之后，每年可按10%、20%、30%和40%的比例相继解锁，解锁条件为自2013年起至2016年止，公司每个考核年度的净资产收益率不低于13%；另外，考核期内，公司将根据每个考核年度的内销收入及内销营业利润的完成率，确定激励对象在各解锁期可获得解锁的限制性股票数量。

我们看到，苏泊尔推出的这项股权激励计划中，限制性股票部分是0元授予。大步骤，环环相连，步步紧扣。能有效帮助企业增强内部凝聚力、向心力和战斗力！

（1）有效期

股权激励的有效期是指从股权激励计划生效到最后一批激励标的的股份行权或解锁完毕的整个期间。这个有效期没有统一规定，但一般在2~10年。美国《国内税务法则》规定，激励型股票期权计划实行10年后自动结束。股票期权计划的开始日期以实行日或股东大会通过日两者中较早者为准；香港联交所《上市规则》第 17 章规定，香港上市公司的股票期权计划期限不得长于 10 年；我国法律规定，股权激励计划的有效期从首次授予权益日起不得超过 10 年。

（2）授权日

股权激励的授权日是指激励对象实际获得授权（股票期权、限制性股票、虚拟股权）的日期，是股权激励的实施方履行激励计划而为激励对象所接受的时点。在决定股权激励计划等待期、行权期、失效期时，一般是以授权日为起算点，而不是以生效日为起算点。

股权激励计划的生效日，一般是指公司股东大会审议通过之日，或者证监会审批同意之日。而授权日是在股东大会通过后，再召开董事会制定的一个具体日期。所以，授权日应当在生效日之后。

对于非上市公司而言，不存在交易日与非交易日的区别，在分批集中对股权激励对象集中授权的前提下，授权日的确定可以参考以下日期。

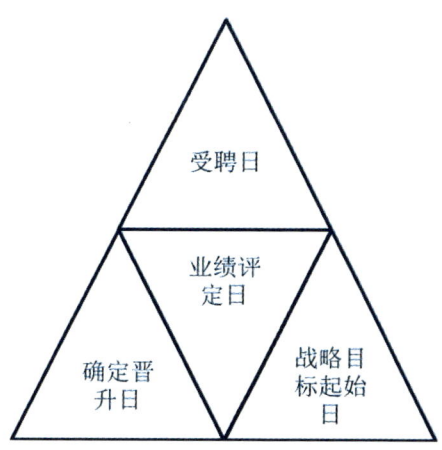

非上市公司确定授权日的参考日期

第一，激励对象的受聘日。当董事会认为有必要对受聘的高管、董事等核心人员进行股权激励时，受聘日可以作为股权激励计划的授权日。

第二，激励对象的业绩评定日。授权日应当与企业考核日期相适应，最好在激励对象考核成绩出来后，对于表现优异的人员，可以考虑纳入股权激励对象范围，也可以选择单独授予股权激励计划。

第三，激励对象确定晋升日。激励对象的晋升，说明了对公司的重要性，为了激励其更加努力工作，可以考虑在晋升之日授予股权激励标的。

第四，企业战略目标起始日。为了完成企业的战略目标，可以考虑将实现目标需要的核心人员纳入股权激励计划，在战略目标起始日授予股权激励标的。

（3）等待期

股权激励计划的等待期是指激励对象获得股权激励标的股份之后，需要等待一段时间，达到一系列事前约定的约束条件，才可以实际获得对激励股份或者激励标的的完全处分权。

（4）行权日

股权激励计划的行权日是指等待期满次日起，至有效期满当日止的可以行权的期间。

对于非上市公司而言，由于激励对象获得股权，需要到工商登记部门予以注册备案，如果激励对象不能在一段时间集中行权，则会导致办理工商股权登记特别烦琐。公司可以在可行权日期内，专门设立一小段时间为每年的行权窗口期。例如，每年的12月份。

（5）禁售期

禁售期是指激励对象在行权后，必须在一定时期内持有该激励标的，不得转让、出售。禁售期主要是为了防止激励对象以损害公司利益为代价，抛售激励标的的短期套利行为。

9. 定来源——股份来源和资金来源

中小企业由于没有公开交易的股票市场，其股权激励标的来源，不包括增发新股、二级市场购买等方式，可以从以下途径获得。

第一，期权池预留。期权池预留方式，上市公司和非上市公司相同。

第二，股东出让股份。这种方式和上市公司的股东提供股权差不多，即由原股东转让部分股权作为股权激励的股权来源。这主要涉及股东是否有转让意愿、能否经过其他股东过半数同意、其他股东能否放弃优先购买权，公司可以事先与其他股东约定就股权激励有关的股权转让放弃优先购买权。

第三，增资扩股。公司召开股东会，经代表三分之二以上表决权的股东通过后，采用增资扩股的方式进行股权激励。行权后，公司的注册资本将适当提高，也是一种解决股权激励标的来源的方法。

第四，股份回购。可以采用股份回购的方式获得激励标的，但需要注意的是，股份有限公司只能在以下四种情况下回购本公司股份：减少公司注册资本;与持有本公司股份的其他公司合并;将股份奖励给本公司职工;股东因对股东大会做出的公司合并、分立决议持异议,要求公司收购其股份的。

有限责任公司因公司法"有限责任公司成立后,股东不得抽逃出资"的规定,可推定为不得回购股份。

第五,储蓄参与计划。储蓄参与计划也是非上市公司获得股权激励来源的一种方式,员工将每月基本工资的一定比例放入公司为员工设立的储蓄账户,设定特定期限(如两年)为一期。一般公司规定的比例是税前工资额的2%~10%,少数公司规定的比例最高可达20%。

10. 定条件——股权激励计划的行权条件

定条件是指设定股权激励计划的行权条件,包括公司业绩考核条件和个人绩效考核条件。

对公司业绩的考核有财务指标和非财务指标,如企业在资本市场的股价增幅、净资产的增长率、净利润增长率等。

例如,汉鼎股份规定的行权业绩条件净利润增长率和加权平均净资产收益率。具体如下:

第一,净利润增长率。净利润的指标以扣除非经常性损益的净利润与不扣除非经常性损益的净利润二者孰低者作为计算依据;同时,若公司发生再融资行为,净利润为扣除再融资及其所投资项目产生的损益影响数额后的净利润。

第二,加权平均净资产收益率。加权平均净资产收益率的指标,以扣除非经常性损益的加权平均净资产收益率,与不扣除非经常性损益的加权平均净资产收益率,二者孰低者作为计算依据。同时,若公司发生再融资行为，计算加权平均净资产收益率时的净资产为扣除再融资数额后的净资产值。股票期权成本应计入公司管理费用，并在经常性损益中列支。

各年度绩效考核目标如下表所示：

汉鼎股份业绩考核条件

行 权 期	业绩指标
第一个行权期	2016年度较2015年度的净利润增长率不低于30%，2016年度的加权平均净资产收益率不低于11.40%
第二个行权期	2017年度较2015年度的净利润增长率不低于69%，2017年度的加权平均净资产收益率不低于13.10%
第三个行权期	2018年度较2015年度的净利润增长率不低于102.80%，2018年度的加权平均净资产收益率不低于13.74%
第四个行权期	2019年度较2015年度的净利润增长率不低于143.36%，2019年度的加权平均净资产收益率不低于14.33%

除此之外，股票期权等待期内，归属于上市公司股东的净利润及归属于上市公司股东的扣除非经常性损益的净利润，均不得低于授权日前最近3个会计年度的平均水平且不得为负。

第二节　股权激励的实施方法

如今中国市场经济体制逐步规范，而国内企业大多缺乏科学的股权激励体系设计方案。国内以前对于人员激励，只有单纯的工资和奖金。而随着人力资本重要性的越发凸显，如何留住技术与管理骨干，对于一家企业的发展至关重要。一个行业或公司发展到一定阶段，必须考虑股权激励等形式。

1. 渐进式——掌握核心高管需求

作为公司的核心管理层（高管），要明确自己的定位。

某公司创始人曾说，当两只鸡一样大的时候，人家肯定觉得你比他小；当你是只火鸡，人家是只小鸡，你觉得自己大得不行了吧，小鸡会觉得咱俩一样大；只有当你是只鸵鸟的时候，小鸡才会承认你大。这就是著名的鸵鸟理论，这个道理告诉大家，一个公司的成功，离不开核心高管的作用。

如何激励核心高管？

在对核心高管"135渐进式激励法"中，"1"是指一年的在职分红，"3"是指三年的滚动考核，"5"是指五年的锁定。

所以，"1"是包含在中间的三年之内的。三年考核、五年锁定，加起来一共是八年，这是国际上通用的股权激励的标准周期。也就是说，从一个职业经理人变成企业真正的合法股东、注册股东，通常需要用八年的时间。

对新来的高管,可以实行分红股激励,制定相关考核标准,在考核完成后,再考虑将其分红股转化为期股、期权或者业绩股份等。

例如,A 公司新招聘了一个业务部经理,负责公司华北地区的所有业务。那么,我们以公司华北区的业绩为标的,建立相应的考核指标,然后以考核指标分数作为参考依据,授予相应的分红股,年底参与分红。

假如公司去年华北区的业绩是 300 万元,前年业绩是 250 万元,今年的目标是 350 万元。根据业绩完成情况,公司给予不同奖励。

业绩分红表

业绩完成情况(n)	分红比例
$n<$业绩目标的 80%	0
业绩目标的 80%$\leq n<$业绩目标的 90%	公司总利润的 8%
业绩目标的 90%$\leq n<$业绩目标的 100%	公司总利润的 9%
业绩目标的 100%$\leq n<$业绩目标的 110%	公司总利润的 10%
业绩目标的 110%$\leq n<$业绩目标的 120%	公司总利润的 11%
$n\geq$业绩目标的 120%	公司总利润的 12%

假如该总经理今年完成的业绩为 400 万元,公司利润为 50 万元。那么,年底就可以分到 5.5 万元的利润分红。在这种动力下,该总经理会努力提升区域销售业绩,以确保获得更多收益,但如果中途离开,便意味着放弃全部分红收益,归公司所有。考虑上述原因,该总经理不会轻易离开,最终,公司既保留了人才,也提升了业绩。

在完成一年的分红股后,公司可以对其作一个全面评估,考虑是否对其实行期股或期权激励,以进一步强化激励效应。

在实行完一年的分红股激励后,公司也对新进高管有了一个大概的了解,如果觉得各方面都不错,也认为该总经理值得拥有公司实股,那么，公司可以对其实行期权激励。比如，2018年，公司和该总经理约定，如果他在2019年完成相关业绩指标，达到考核标准，可以以1元一股的价格购买公司10万股的股份，当然也可以选择放弃认购。

到了2019年年底，该总经理完成了指标，公司价值提升，发展良好，公司股价也上涨到了1.5元一股，此时，他有权选择以1元一股的价格购买该公司10万股的股份，如果购进后出售，该总经理便净赚5万元。当然，需要考虑有关限制性条款，诸如一年之内不得出售等。

获授期权后，只要该总经理努力提升公司的整体价值，完成相关绩效指标，便意味着将来会获得更高的收益，这在一定程度上又激发了员工努力工作的热情。

2. 延迟式——减速发放红利

股权激励计划和公司发奖金不一样，公司发奖金，侧重考虑员工的历史成绩，但股权激励主要考虑激励对象对公司未来的贡献。所以，在选择激励对象时，要考虑到激励对象对公司未来发展有可能做出贡献的大小。

所以，要采取股权激励延迟方式，减速发放公司红利。考虑到有时候高管一旦拿了分红收益，可能会离职走人，给公司带来损失，可以在做分红股激励之前，加一个延迟支付锁定条款。比如规定如下：年底获得的红利，分三年派发，第一年派发60%，第二年、第三年各派发剩余的20%。前述案例中的总经理如果2013年有5.5万元收益，到了第二年可以先拿到3.3万元，第三年、第四年再拿到剩下的2.2万元。如果中途离开，便意味着放弃部分收益。

3. 虚拟式——具备发展潜力的未来之星

未来之星是指那些当下还不是公司的核心骨干，但是后劲十足，具备发展潜能和敢打敢拼的精神，不久的将来，将成为公司发展道路上中流砥柱的人才。对于这类人才，我们要做的就是制订相应的激励计划，为他们提供晋升的通道。

虚拟股权激励比较适合未来之星，获授者可以据此享受一定数量的分红权和估价升高收益，但没有所有权和表决权，不能转让和出售，在离开企业时自动失效，有助于调动员工的积极性，激发创造性，留住人才，待他们在公司开始发挥顶梁柱的作用后，也考虑将虚拟股权转化为公司的实股，加大激励力度。

比如，销售部门的业务骨干小张，工作努力，业绩显著，公司升他为业务部门经理后，对其进行了虚拟股权激励，具体规定如下：如果2015年带领部门人员实现500万元的销售额，利润达到100万元，小王可以获得激励总额度8%的虚拟股权。

具体分配比例如下：

完成利润（n）	小张分红
$n \geq 150$ 万元	激励总额度的 10%
120 万元 $\leq n <$ 150 万元	激励总额度的 9%
100 万元 $\leq n <$ 120 万元	激励总额度的 8%
80 万元 $\leq n <$ 100 万元	激励总额度的 7%
60 万元 $\leq n <$ 80 万元	激励总额度的 6%
$n <$ 60 万元	无

在这种激励方式下，小张要想获得更多的回报，就必须努力提升业绩，降低成本，提升公司的利润水平。考察一段时间后，如果表现不错，也可以考虑将持有的虚拟股权转化为实股，同时伴随职位晋升。

采用这种激励方式，目标的设定非常重要，必须是在公司和激励对象双方都可以接受的范围内，否则会影响激励效果。

4．金色降落伞——为老将保驾护航

金色降落伞规定在目标公司被收购的情况下，公司高层管理人员无论是主动还是被迫离开公司，都可以得到一笔巨额安置补偿费用，金额高的会达到数千万甚至数亿美元，因此使收购方的收购成本增加，成为抵御恶意收购的一种防御措施。但其弊端是，巨额补偿有可能诱导管理层低价出售企业。

对于非上市企业来说，这种方式叫限制性股份，将公司的资本均分，每一份代表一定的资本额，获授的激励对象需要为公司的发展服务，将更多的时间和精力投入公司的长期战略目标中。同时，限制性股份安排有禁售期，在禁售期限到期或行权授予之前，如果激励对象离开企业，限制性股票也会被作废，且在未授予之前不能出售转让限制性股份。如果限制性股份是公司无偿赠予的，则公司无偿收回；如果是折价出售给经理人的，公司以原来的折扣价进行回购。

限制性股票可以将竞业禁止条款作为限制条件，有效约束"明日黄花"的行为，避免他们到竞争对手那里工作，泄露公司机密，损害公司利益。同时，授予他们股份作为抚慰，因为可以分享企业成长的利益，在内退时更容易释怀；或者也可以让其继续在岗位上发挥余热，帮助新人成长。

5．五步连贯式——逐步加强的阶梯过程

什么是五步连贯股权激励法？

我们来看一个案例：

A 公司于 2019 年年底决定建立长期股权激励机制。A 公司创建于 2010 年，注册资金为 100 万元，经过 10 年的发展，2019 年年底税前利润为 800 万元，净资产为 2000 万元，预计每股净资产年增长率为 100%。为实现公司长期战略规划，充分激励人才，并为以后创业板上市留好接口。

公司决定采用股权激励五步法，自 2020 年开始实施股权激励计划。

（1）定股：2019 年 A 公司净资产为 2000 万元，根据股权激励五步法，先确定股份面值为 0.1 元，则公司的股份总数为 1000 万股，每股净资产 2 元，针对公司发展阶段，采用五步法里面的增值激励方式，即股份期权模式。

（2）定人：公司核心层 8 人加上中层 12 人被授予股份期权。

（3）定价：初始授予股价按照 2019 年度每股净资产确定初始授予价格，但股价增长模式不采用净资产方式，采用股权激励五步法中的股价确定原则。

（4）定量：根据五步法，该公司设计股权激励，拿出总股本的 20%，即 200 万股授予。

（5）定时：采取循环激励，即每年授予 100 万股的方式；每年的 100 万股，再分两年行权；行权比例 6∶4。

根据股权激励五步法，由于分两年来授予，分步行权，只能执行其中的一部分，高级管理人员只有在增加股东财富的前提下才可同时获得收益，从而与股东形成利益共同体。

6．西学中用式——海氏岗位价值评估法

海氏三要素评估法是国际上使用最广泛的一种岗位评估方法。我们西学中用，在具体实施过程中，可以利用人才评价模型，从岗位价值、

素质能力、历史贡献三个方面来评测激励对象。

人才评价模型

岗位价值	员工的一部分价值要通过其所处的岗位价值来体现，明确股权激励前提下岗位价值的评估要素，评价岗位的价值，进而评价岗位上的员工价值
素质能力	员工素质能力水平的高低，既表示他目前为公司创造的价值，也是对他未来发展潜力的预期
历史贡献	评测员工对公司的历史贡献，既是对老员工成绩的肯定，也起到为新员工树立典范的作用，让新员工看到，只要为公司发展做出贡献，就会得到公司发展带来的效益

人才评价模型的具体内容见下表：

维度	序号	因素名称	因素权重	因素含义
岗位价值	1	战略影响	10%	岗位所能影响到的战略层面和程度
	2	管理责任	10%	岗位在管理和监督方面承担的责任大小
	3	工作复杂性	10%	岗位工作中所面临问题的复杂性
	4	工作创造性	10%	岗位在解决问题时所需要的创造能力
素质能力	5	专业知识能力	15%	员工所具有的专业知识能力的广度和深度
	6	领导管理能力	15%	员工所具有的领导管理能力水平
	7	沟通影响能力	10%	员工所具有的沟通及影响他人能力的水平
历史贡献	8	销售业绩贡献	7%	员工以往对销售业绩的贡献大小
	9	技术进步贡献	7%	员工以往对技术进步的贡献大小
	10	管理改进贡献	6%	员工以往对管理改进的贡献大小

或者，也可以拟定分数标准，人才价值得分高于该分数标准的人员可以进入股权激励计划，成为激励对象。

第五章
激励实操——中小企业股权激励落地实操细节

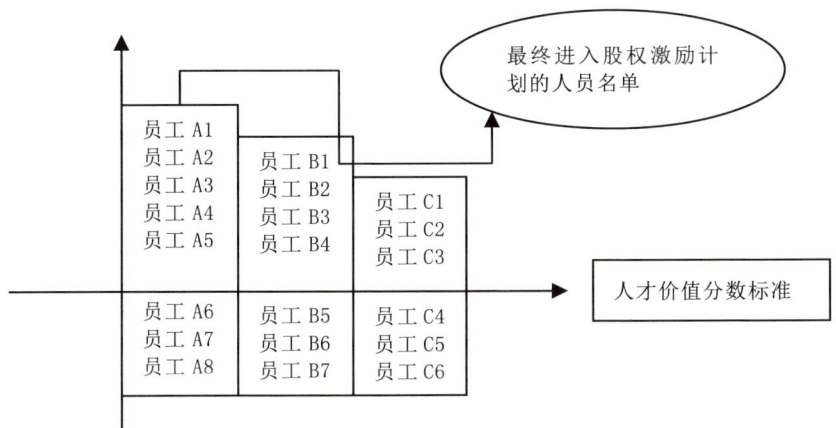

分数评价标准模型

第三节 激励落地——股权额度分配方案与个人绩效考核方法

案例一：中小企业股权激励额度分配方案

我们可以按照以下步骤确定股权激励额度：

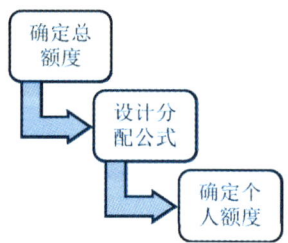

第一步：确定激励股份的总额度。

第二步：设计不同的分配公式。

比如，把员工分为高级管理层、中级管理层、核心技术人员层、核心营销人员层、基层人员5个层级，根据各层级的重要性，设计出不同的分配公式。

（1）高管个量分配方式

个人激励额度=本岗位层级激励总量×个人分配系数÷总分配系数

个人分配系数=司龄系数×40% + 工资系数×60%

总分配系数=Σ个人分配系数

工资系数反映激励对象的相对工资水平，具体操作时先将某一水平的工资系数标准化为1，其余激励对象的工资系数做同比例调整。例如，设平均工资 6000 元为工资系数，如某员工月工资为 3000 元，则其个人工资系数为 3000/6000=0.5；如某员工的月工资为 12000 元，则该员工的工资系数为 12000/6000=2。

司龄系数规定如下表：

入职年数（Y）	$1 \leq Y \leq 3$	$3 < Y \leq 5$	$5 < Y < 10$	$10 \leq Y$
司龄系数	1	1.1	1.25	1.5

（2）高管中的营业部经理个量分配方式

个人激励额度=营业部经理激励总量×营业部经理分配系数÷总分配系数

营业部经理分配系数=该营业部利润增长率换算系数×0.1+该营业部年度利润换算系数×0.7+该营业部年度目标利润指标增长率换算系数×0.2

总分配系数=∑营业部经理分配系数

营业部增长率换算系数规定如下表：

营业部利润增长率（G）	$G<20\%$	$2 \leq G < 50\%$	$50 \leq G < 100\%$	$100\% \leq G$
增长率换算系数	1	2	3	4

营业部年度利润换算系数规定如下表：

营业部年度利润（百万）	$R<0$	$0 \leq R < 0.5$	$0.5 \leq R < 1$	$1 \leq R < 2$	$2 \leq R < 3$	$3 \leq R < 4$	$4 \leq R < 5$	$5 \leq R < 6$	$6 \leq R$
年度利润换算系数	0	1	2	3	4	5	6	7	8

营业部年度目标利润指标增长率换算系数规定如下表：

年度目标利润增长率	$G<40\%$	$40\% \leq G<70\%$	$70\% \leq G<100\%$	$100\% \leq G<150\%$	$150\% \leq G<200\%$	$200\% \leq G$
增长率换算系数	1	2	3	4	5	6

例如，某营业部利润增长率为 25%，年度利润为 80 万元，年度目标利润增长率为 20%，则该营业部经理的分配系数为 2×0.1+2×0.7+1×0.2=1.8。

（3）中层干部个量分配方式

个人激励额度=本岗位层级激励总量×个人分配系数÷总分配系数

前台个人分配系数=司龄系数×40%＋工资系数×60%

后台个人分配系数=（司龄系数×40%＋工资系数×60%）×岗位层级调整系数

岗位层级调整系数：总监助理级为2.8，部门经理级为2，副经理级为1。

总分配系数=Σ个人分配系数

核心技术人员和核心营销人员可参考中层干部个量分配公式设计。

假如，某行政经理入职年限为4年，月工资6000元，该单元的公司平均工资水平为6000元，则个人分配系数为$(1.1×0.4+1×0.6)×2=2.08$。

（4）基层员工个量分配方式

重要岗位员工每人分配0.8万份，其他基层员工根据司龄实行定量分配，具体规定如下表：

司　　龄	$1≤Y<5$	$5≤Y<10$	$10≤Y$
分配额度（单位：万份）	0.5	0.6	0.7

假如某员工入职12年，则获授0.7万份激励标的。

第三步：确定个人额度

设计好不同的分配公式后，我们即可计算出各个岗位应该授予的激励额度。

例如，某公司为高级管理层分配的总激励额度为6万股，该公司以平均月工资6000元为工资系数1，其中一名高管在公司任职4年，月工资12000元，则其个人分配系数为$1.1×40\%+2×60\%=1.64$；另一名高管在公司任职6年，月工资15000元，则其个人分配系数为$1.25×40\%+3×60\%=2.3$。假设该岗位的总分配系数为6.88，则这两位高管获得的个人激励额度分别为 1.43 万股和 2 万股，具体计算如下：6×1.64÷6.88=1.43，6×2.3÷6.88=2。

再如，该公司授予华东、华南、华北、东南四个营业部经理的股权激励总额为 4 万股，华东营业部当年利润增长率为 25%，实现年度利润 30 万元，该营业部年度目标利润指标增长率为 50%，则华东营业部经理分配系数为 2×0.1+1×0.7+2×0.2=1.3。假设四个营业部的总分配系数为 5.2，则华东营业部经理获得的个人激励额度为 4×1.3÷5.2=1（万股）。

事实上，在股权激励分配计算过程中，由于公司和激励对象个性化因素多且复杂，实际上是难以用一种方法或一次测算来保证分配的合理性的，常常需要在第一次确定个量之后，由公司领导根据激励对象的实际情况进行适当调整，然后根据调整情况，进行第二次测算，最终确定分配个量。

案例二：个人绩效考核的三种方法、步骤及案例

个人绩效考核是指公司对员工行为和业绩进行评估，以确定是否满足股权激励计划的授予或行权条件。常见的考核方法有平衡计分卡（BSC）、关键绩效指标（KPI）、360°考核法等。

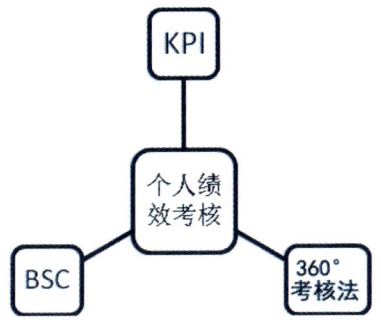

（1）平衡计分卡（BSC）

平衡计分卡是指从企业的财务、客户、内部业务过程、学习和成长四个角度出发，将企业战略目标逐层分解转化为各种具体的相互平衡的绩效考核指标体系，并对这些指标的实现状况进行不同时段的考核，从而为企业战略目标的完成建立起可靠的执行基础，其是一个系统性的战略管理工具，具体内容如下：

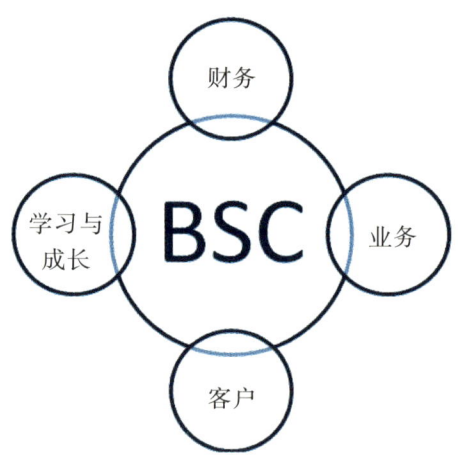

平衡计分卡的内容：

纬　　度	内　　容
财务方面	财务性绩效指标能够直观反映公司业绩和股东利益，是对公司业绩进行控制和评价的工具，在平衡计分卡方法中予以保留。常用的财务性绩效指标主要有利润增长率和资产回报率
业务方面	企业战略目标的实现、客户各种需求的满足和股东价值的追求，都依靠企业内部经营支持。企业可以从创新、生产经营和售后服务三个具体环节入手，探索如何管理内部业务，以实现企业的更好发展
客户方面	平衡计分卡依然强调以顾客为核心的思想，即"顾客造就企业，通过客户满意程度、客户保持程度、新客户的获得、客户获利能力和市场份额"等指标的评价，为企业建立实现目标的可执行基础

续表

纬　度	内　容
学习与成长方面	企业的发展依赖三个方面的资源，即人员、信息系统和企业流程。因此，企业应该加强对员工的培训，不断改进信息系统和企业管理流程，并通过员工培训支出、员工满意程度、员工的稳定性、员工的生产率等指标的考核，来提升企业的成长能力

平衡计分卡的四个方面存在着因果关系，既包含结果指标，也包含促成这些结果的先导性指标，是一个相互依赖、支持和平衡的有机统一评价体系。

（2）关键绩效指标（KPI）

关键绩效指标（KPI），是指通过对企业内部某一流程的输入端、输出端的关键参数进行设置、取样、计算、分析，衡量流程绩效的一种目标式量化管理指标，是把企业的战略目标分解为可运作的远景目标的工具，是企业绩效管理系统的基础。

KPI 分为业绩指标、任务指标、行为指标和能力指标，是对公司绩效可控部分和经营活动的衡量。

确定关键绩效指标的一个重要原则是 SMART 原则，SMART 是 Specific（具体）、Measurable（可度量）、Attainable（可实现）、Relevant（相关性）、Time-based（有时限） 5 个英文单词首字母的缩写：

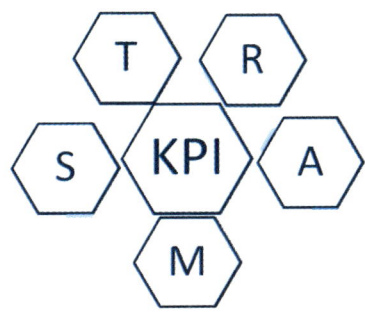

SMART 原则的具体内容如下：

原则	内容
S	绩效考核要切中特定的工作指标，不能笼统
M	绩效指标是数量化或者行为化的，验证这些绩效指标的数据或者信息是可以获得的
A	绩效指标在付出努力的情况下可以实现，避免设立过高或过低的目标
R	年度经营目标的设定必须与预算责任单位的职责紧密相关，它是预算管理部门、预算执行部门和公司管理层经过反复分析、研究、协商的结果，必须经过他们的共同认可和承诺
T	注重完成绩效指标的特定期限

KPI 的实施，通常经过以下四个步骤：

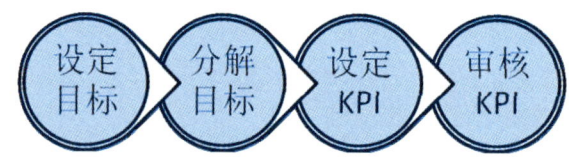

第一步，建立企业的战略目标。

第二步，各部门的主管依据企业实际情况和部门职责分工，将战略目标分解为部门级 KPI，并对相应部门的 KPI 进行分解，确定相关的要素目标，分析绩效驱动因数（技术、组织、人），确定实现目标的工作流程，分解出各部门级的 KPI，确定评价指标体系。

第三步，待指标体系确立之后，从部门职责、岗位职责中提取关键要素，并通过精简、调整、分类、赋值等一系列措施转化成关键绩效指标，KPI 权重通常最小不小于 5%，最大不超过 30%，权重一般为 5 的倍数。

第四步，对关键绩效指标进行筛选审核，通过相关性分析，剔除不合理指标或重复指标，使其精简化，确保关键绩效指标能够全面、客观地反映被评价对象的绩效，而且易于操作。

某公司技术部关键绩效考核指标：

序号	KPI指标	考核周期	指标定义/公式
1	工作目标按计划完成率	年度	实际完成工作量/计划完成工作量×100%
2	技术创新使标准工时降低率	年度	（改进前标准工时-改进后标准工时）/改进前标准工时×100%
3	技术创新使材料消耗降低率	年度	（改进前工序材料消耗-改进后消耗）/改进前工序材料消耗×100%
4	技术改造费用控制率	年度	技术改造发生费用/技术改造费用预算×100%
5	重大技术改进项目完成数	年度	当期完成并通过验收的重大技术改进项目总数
6	技术服务满意度	年度	对技术服务对象进行随机调查的技术服务满意度评分的算术平均值
7	外部学术交流次数	年度	当期进行外部学术交流的次数
8	内部技术培训次数	年度	考核期内进行内部技术培训的次数

（3）360°考核法

360°考核法又称为全方位考核法，是指员工通过自我评估、上下级评估、客户评估、同事评估知晓各方面的意见，清楚自己的长处和短处，了解工作绩效，进而达到提高自己，完成工作目标的目的，是一种比较全面、完整的考核方法。

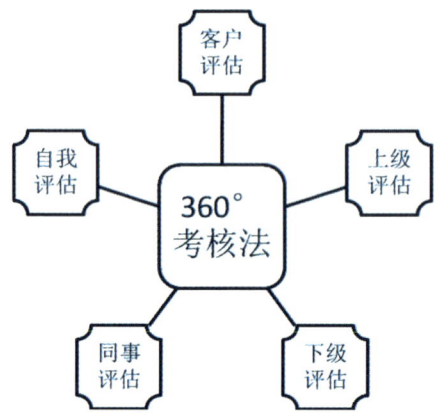

360°考核法最大的优点首先就是全面、完整，打破了由上级考核下属的传统考核制度，避免传统考核中极容易发生的"光环效应""居中趋势""偏紧或偏松""个人偏见"和"考核盲点"等现象，较为全面地反映出不同考核者对于同一被考核者不同的看法，有利于被考核者从多个方面提升能力。其次，这种考核方法提升了员工的参与感，更容易激发员工的工作积极性。但同时，360°考核法需要动用多人参与考核，会耗费很多时间，使考核成本增加；由于涉及员工之间的评价，如果某些员工将工作上的问题上升为个人情绪，可能借考核机会"公报私仇"，使其成为发泄私愤的途径。最后，360°考核法的执行，需要对所有员工进行考核制度培训，实现难度大。

360°考核法的实施一般应遵循以下步骤：

第一步：确定使用范围

360°考核法涉及员工自己、上司、同事、下属、顾客等多个考核者，比较全面，但并不是所有考核对象都适用这种方法，只有确定其使用范围，才能将有限的资源在已经确定的范围内发挥出最大的作用，如果公司内部员工之间互相信任程度较低、对彼此的工作不熟悉，最好不要采用 360°考核法。

第二步：设计考核问卷

考核部门要设计考核问卷，在通常情况下，采用等计量表、开放式问题，或综合以上两种方式的问卷形式；问卷内容一般为与被考核者工作情况密切相关的行为或共性行为。

第三步：实施评价

企业选择与考核对象有联系的人作为评价者进行评价，在一般情况下，采用匿名评价方式。

第四步：结果反馈

在考核完成以后，综合不同评价结果，企业管理部门应该及时提供结果反馈，包括就评价的公正性、完整性和准确性向评价者提供反馈，指出他们在评价过程中所犯的错误，以帮助他们提高评价技能；向被考核者提供反馈，帮助他们找出不足之处并分析原因，提供改进方法，提高职业能力水平。

360°考核法的实施，要注意下面几个事项。

第一，考核表的设计及考核者范围界定要合理。应该让熟悉情况的人，而不是所有的人都来参与考评。

第二，避免让考核者对考核指标进行笼统的评价，而是应该给出具体的操作性定义，可以是对考核指标含义的描述，也可以是对相关行为频率的规定，总之，目的在于引导所有的考核者按照同样的标准进行评价。

第三，应该根据每个层级考核者的特定观察视角，合理安排不同层级的考核者对被考核者的不同指标进行评价，而不是搞"一刀切"。即使从便捷的角度考虑，不同层级的考核者使用了相同的考核表，也应根据"熟悉者才有发言权"的原则，合理设计权重。

第四，为防止考评标准流于形式，事先有必要对考核者进行培训，确保大家对于考核标准达成共识。如果条件允许，可以聘请第三方咨询机构，通过访谈或开放式问卷的方式收集信息，再以客观的标准，对收集到的信息进行统一编码，形成对被考核者的评价。

第五，尽量统一指导。由于360°考核涉及人员面非常广，在信息收集阶段常常需要不同的组织者组织多个场次的现场考核才能完成，这就涉及考核过程的一致性问题，应该尽量统一指导，避免临时更换组织者或者随意更改组织计划。

激励对象的绩效考核是指公司对员工行为和业绩进行评估，以确定是否满足行权条件。

第六章

激励方案

中小企业对人才进行股权激励的方式以及案例

站在不同的立场上,员工和老板所代表的利益不同,所以虽然同在一家企业,却往往是对立的,各怀心思。员工把青春甚至自己的一生都献给了企业,而企业的未来和溢价都和自己没有关系,这显然是不公平的,而股权激励可以改变这种对立的状况。

股权激励作为一个行之有效的激励方法,开始走进更多人的视野。股权激励是顺应人性,而不是满足人性。

第一节 不同类型的中小企业用什么样的股权激励方式

不同类型的中小企业用什么样的股权激励方式。下面，我们就三种类型的中小企业的股权激励方式进行阐述。

1. 已经正常盈利的中小企业股权激励方式

已经正常盈利的企业股权激励方式：
- ◆ 首先要关注企业内部人才的潜能有没有爆发出来。
- ◆ 塑造企业下一步价值和发展方向。
- ◆ 把企业真正的未来描述给团队听。
- ◆ 核算出利润空间给核心团队人才。
- ◆ 让核心团队觉得利润回报高，公司股权价值很高、很值钱。
- ◆ 这时候主要利用股权激励核心人才团队。
- ◆ 股份不要分得太多，第一批核心人才团队股份释放比例在15%左右。

实操方案落地（企业案例仅供读者参考）：

某公司正常盈利，头一年就给了一个负责销售的亲戚6%的分红股份。另外，公司还给了技术总监6%的分红股份。这时候肖总发现自从给了这个技术总监6%的分红股份过后，负责销售的亲戚做事就没有什么动力了，心理很不平衡，觉得肖总偏向外人了，公司业绩开始下滑。这时候应该怎么办？

（1）笔者给肖总的建议是把上年的利润算出来，当年利润 360 万元，给亲戚说把上年的利润打八折算 300 万元，当年从 300 万元算起，300 万元之下你依然是 6%，300 万元以上你就是 10%。有了这个技术总监后，你们两个更要共同努力把利润提高上来。

（2）自从负责销售的亲戚知道这个消息后，就算当年的利润保持到上年也比上年还多赚 20%，这样这个亲戚就会主动去鼓励技术总监，两个人共同把业绩做起来。可见，分钱不一定起作用，分对钱才有大作为。

2. 处于亏损的中小企业股权激励方式

处于亏损的企业股权激励方式：
- ◆ 建议找出亏损的主要原因。
- ◆ 根据自己的短板去吸引人才。
- ◆ 这时候塑造股权的价值不大。
- ◆ 建议用周期工资来吸引人才，等赚钱了再确定分给大家多少利润或者股权。
- ◆ 老板在这个时候一定要加倍重视人才。
- ◆ 建议找出本行业最厉害的操盘手来合作。

实操方案落地（企业案例仅供读者参考）：

某公司连续亏损半年，厂长、主管、经理都已经跟随老板多年，但唐总又舍不得关闭企业，也忍不下心开除老管理人员，新的人才也进不来。这个时候应该怎么办？笔者给到唐总以下建议：

（1）给核心高管一个明确的期限（半年必须盈利）。

（2）唐总算出每个月的亏损是多少。

（3）假如每个的亏损 20 万元，那么从现在起只要公司每个月的亏损低于 20 万元，少亏多少就拿出 30% 给三个核心高管（厂长占 15%，销售经理占

10%，品质主管占 5%）。

（4）半年之内公司必须达到盈利，如达不到将收回所有的机制，核心主管职位降一级，薪资按降级职位算，而半年后只要公司正常盈利了，盈利后的部分将持续按照以上比例身股分红（厂长占 15%，销售经理占 10%，品质主管占 5%）。这样的利益捆绑自会动力十足。

3. 盈利无法增长的中小企业股权激励方式

盈利无法增长的企业股权激励方式：

- ◆ 老板主要激励超额业绩或者利润。
- ◆ 比如 1000 万元的利润一直无法增长，现在就定 1000 万元以上的利润拿出来多少给大家分。
- ◆ 主要激励超额利润的核心层面。尽量算出毛利，比如"毛利 30%，纯利 20%，就拿超出的营业额毛利的 50%左右分出来"。建议操盘手 30%左右，剩下 20%左右给中高层干部。

实操方案落地（企业案例仅供读者参考）：

某公司业绩连续 3 年无增长，大约每年 2000 万元的业绩，利润 15%；主要管事为厂长，月薪 1 万元。

仓库主管经常私自挪用原材料给各部门主管用，导致原来的订单不够用。面对这种情况，蒋总不知道该怎么办。笔者建议如下：

（1）2000 万元去年基数定出来。

（2）利润 15%=300 万元定出来。

（3）给厂长配 10%的身股分红，公司按照固定资产投入 1000 万元计算，出钱 50 万元买 5%，公司送 5%，暂时不用出钱，年底分红里面扣除 30%，自己拿走 70%，直到把 50 万股金扣完为止，如超过 300 万元以上的部分将身股分红翻一倍。交钱交心，心在动力就在。

第二节　内部激励人才，分配机制如何设计

企业在确定内部人才激励的分配额度时，应该考虑以下因素。

首先，对于非上市公司而言，法律没有规定，董事会可以灵活设定。

其次，兼顾公平和效率。企业在确定单个激励对象额度时，要注意合理分配，高层管理人员、中层管理人员、核心技术（业务）骨干所占股权激励份额的比例，应该能够体现公平公正原则。高管所占比例不能过高，以免使激励对象产生不公平感。另外，还要兼顾效率原则，在具体的授予额度上，应该按照其对公司的贡献和重要性来确定，体现出一定的区别。

再次，实际薪酬水平。在公司内部，员工的薪酬水平一般都是根据其实际能力、对公司的重要程度来确定的。因此，激励对象的授予额度，也应该与其之前的薪酬情况相适应，而不应该出现薪酬与激励额度倒挂的现象，即水平低的激励对象，所获得的激励股份份额反而超过了薪酬水平高的激励对象的情况。

最后，激励对象的心理预期。对于激励额度，每个人的心理预期是不同的。有的人期望值较高，如果给予的股权激励额度太少，起不到激励作用；有的人小富即安，可能较少的额度就能起到激励作用。因此，公司在确定单个激励额度前，应该考虑到这一因素，适当征求激励对象的意见。

除此之外，激励对象的不可替代性、职位高低、业绩表现、工作年限也是考虑的因素。一般而言，激励对象的不可替代性越高、职位越高、业绩表现越好，所获得的激励份额越多。激励对象在公司工作年限越长，说明其对工作的忠诚度越高，对公司的贡献越大，所获得的激励份额也应该相应增多。

关于内部激励人才分配机制如何设计，见如下示范。

1. 增加式分配机制

问题：产量或销售额很难提升，老板非常想，员工就是不想。

原理：员工对于正常收入只付出正常劳动，要想让他付出超常的工作，同时，必须让他得到超常的回报。

具体操作：设定一个生产或销售的基数，然后把超出部分，按照一定比例分给当事人。

备注：

- ◆ 分给员工部分，最好占超出部分纯利润的50%以上；
- ◆ 能每天分的最好每天分，最次每月分；
- ◆ 此机制适合所有企业；
- ◆ 老板必须把心放大。

2. 减少式分配机制

问题：生产成本和运营成本很难降低。

原理：人只操心和他有关系的事。

具体操作：

- ◆ 设定一个成本基数，然后，把每月降低部分，拿出 50%，按一定比例分配给当事人。
- ◆ 就某一部门定下一个人员基数，让其内部优胜劣汰，把省下的底薪的一半分给留下的人。
- ◆ 减少式分配机制，对于新开业的公司，设定一个收支平衡的期限，然后把少亏损部分的 50%分给团队。

备注：

- ◆ 降低部分至少拿出一半分给员工。
- ◆ 此机制适合所有企业。

通过这两个机制，我们明白：我们企业里面，不是缺人才，而是缺少发掘人才的机制。

3. 彩票式分配机制

彩票为什么这么火？因为可以以小搏大，兑奖方式简单，能及时兑现。

问题：优秀的员工在公司里面没有找到被重视的感觉，从而不再优秀或者跳槽。

原理：优秀员工都希望用自己超群的才智获得超常的回报，从而一直优秀。

具体操作：

操作 1：在业绩上设定一个标准，奖励当月达到此标准的第一名一个超常的大奖（至少是常规收入的 5~10 倍）。

经营人：把握人性，用机制掌握人性。

操作 2：每月选出技术或者服务上的第一名，给一个大奖，同时使用师道文化让他神圣。

操作 3：设立金点子工程——在工艺流程、技术创新等方面设立大奖。也就是某人提出该方面建议后，由专家组讨论能否实施并派专人跟进实施效果。最后把就此产生的纯利润的 10%~30% 分给提出建议的人。

备注：

- ◆ 所设立的奖项必须是优秀员工觉得值得为此一搏的奖项。
- ◆ 此机制适合所有企业。
- ◆ 即时兑现。

4. 福利式分配机制

问题：当公司业绩上升的时候，行政后勤人员感到不公平。

原理：和他有关的事，他就不再抱怨，反而去主动关注。

具体操作：

- ◆ 进行思想教化。
- ◆ 设定一个业绩目标，把超出部分的 0.1% 按一定比例分配给行政后勤人员。
- ◆ 给行政后勤人员优秀员工的父母发养育奖。
- ◆ 员工过生日，给他父母送礼物。
- ◆ 员工获奖，声势浩大地把奖品送到他们家。
- ◆ 邀请优秀员工的父母参加公司年会。

5. 按揭式分配机制

问题：优秀员工在独当一面之前，很容易离职。

原理：人们都希望用未来的筹码换取今天的回报。

具体操作：

- 给他买一台车或者是一套房，承诺在公司干满 5 年，这台车或房就过户到她/他的名下。
- 承诺在公司干满 3 年，可以额外得到一年的年薪。
- 在公司干满 3 年，能独当一面的，给他开一家店，同时占身股 30%。
- 承诺在公司干满 10 年，公司给配价值 5 万元的轿车一台。

6. 婚姻式分配机制

问题：老员工或者亲属在能够独当一面的情况下，没有得到应该得到的利益，在公司里面，就会起反作用。

原理：能独当一面的员工，希望有一个稳定而且有面子的未来。

具体操作：四级股东制（包括员工、亲属）。

- 业绩股东（服务股东）——因为业绩或服务优秀而成为股东。
- 辅助股东——能够在公司某一板块工作，独当一面。
- 主导股东——在公司整体运营上，能够起主导作用。
- 独立股东——可以独立操盘一个公司。

备注：

- 每一级必须提前定好进入和退出机制，同时白纸黑字加红手印（亲属也一样）。
- 外人最好拿钱来参与，亲属最好不拿钱。

7. 减股和退出机制

合伙企业在设计股权架构时,应该就退出机制的公平合理性充分沟通理解,并在协议中做出约定。

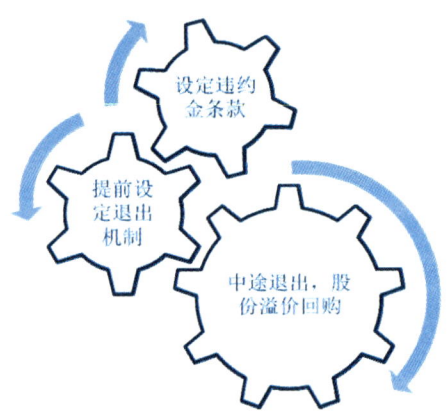

第一,提前设定退出机制。在股东协议中设定股权退出机制,约定好在什么阶段合伙人可以退出公司,退出时的股权处理方式。这样,当合伙人退出公司后,其所持的股权按照一定形式退出,一方面对于继续在公司里做事的其他合伙人更公平;另一方面也利于公司的持续平稳发展。

第二,中途退出,股权溢价回购。对于中途主动退出的合伙人,考虑到对公司的历史贡献及对公司文化建设的影响,退出时可以按照当时公司的估值或最近一轮融资估值对合伙人手里的股权进行适当溢价回购。

第三,设定违约金条款。为了防止合伙人退出公司却不同意公司回购股权,可以在股东协议中设定高额的违约金条款。

如:主导股东的减股和退出机制。

中途退出者,只享受当年利润分配,入股资金不退。

如果不能独当一面,该股东自费请能做此工作的人代替,自己去学习两年时间,在此期间利润分配不受影响。如果两年后仍然不能跟上,则酌情减少股份。

因不可抗拒因素导致该股东不能为公司工作,采取如下三种方式处置股份:

◆ 按市值内部转让。

◆ 内部无法转让,可以转让给自然人,但需经原股东60%同意。

◆ 根据合作年限逐年稀释完毕。

所有股东必须填写股份受益人声明,在公司存档。该股东股份处置方式同第三条。

分配机制是一家公司的核心机制,主要靠老板和中高层来定。

第三节　中小企业财务不公开如何对人才实行股权激励

企业在实行股权激励的过程中,公开财务的重要性毋庸置疑。很多老板也知道实行股权激励要公开企业的财务。可有的老板说,我的企业因为种种原因不方便公开企业的财务,比如有些隐名股东太特殊,不方便让外人知道,还有的有特殊的资源无法公开,以上这些情况在实务中皆会碰到,今天就和大家分享一下我们在具体的落地服务中是如何处理的。

我们先来思考人才为什么愿意入股,即人才入股的核心诉求是什么?

员工入股的核心诉求是员工入股后在短期能够增加收入,中期能够获得股权投资的增值价值,长期能够在企业实现人生的更大价值。

我们再来思考为什么要公开企业的财务?

公开企业的财务是老板获得员工信任的重要方式,但并不是人才入股追求的结果。

就像人吃饭是为了活着,但活着并不是为了吃饭,公开财务是手段而不是目的。基于此,老板与员工之间的信任就显得尤为关键。

老板与人才信任的手段之一是通过财务公开,但企业财务公开了,员工也未必能信任老板。人才通过自己的收入是否增加来推断自己入股的有效性,从而推断这家企业值不值得信任。人才对老板的信任不仅仅取决于企业的财务公开,还有多种因素,如人才对企业未来的信心,企业的人事制度,等等。基于此,在对人才进行股权激励的过程中,如果

第六章
激励方案——中小企业对人才进行股权激励的方式以及案例

企业由于某种特定的原因无法做到财务完全公开，可以采取以下变通的方式来达到人才入股的目的。

1. 如何以毛利进行股权激励

比如我们服务的一家餐饮公司，企业创立不久，老板实在算不清楚企业的利润，也弄不清楚企业的管理费用、销售费用和财务费用。人员水平有限，也觉得麻烦，则可以用毛利来计算，即毛利＝营业收入－直接成本。

直接成本指的是企业生产经营过程中所消耗的原材料、备品配件、外购半成品、生产工人计件工资。

这种方法简单粗暴，员工易于接受，让员工收入与企业的经营绩效紧密挂钩，员工关注采购原材料的成本。但弊端在于员工只关注企业的销售收入和原材料成本，不太关注企业的间接成本。

2. 如何以模拟利润进行股权激励

对于中小民营企业来说，可以用模拟利润来代替，即设定一个分红比例，附加一个考核条件，并根据考核条件调整模拟利润。比如，按照销售额的 10%～20%计算公司的利润。实际操作时，模拟利润的数据不需要过于精确。

模拟利润＝公司的营业收入－总成本－其间显性费用－其他成本费用。总成本包括人工、原材料、销售费用等，其间显性费用包括财务费用。其他成本费用主要包括税费、公关费用等，这些不好计算或者不确定、不透明的费用可以计入其他成本。

3. 如何以取其高原则进行股权激励

分红计算可以按照销售额的 10%~20%计算，也可以按照公司公布实际净利润计算，两者以其对员工有利者为准。公司的销售额是比较容易公开和透明的，选择销售额的一定比例就相当于有了基准点，如果净利润高于这个比例，员工也比较容易接受以净利润为指标。

4. 如何以净利润进行股权激励

如果人才对企业前景看好，对老板信任，即使对公司的财务不清楚、不熟悉，也会接受公司公布的净利润数字。

通过今天的分享，我们要明白老板与员工信任的建立是循序渐进的过程，遵循从对老板个人的信任上升为对企业财务制度的信任。

企业的财务公开是企业走向制度信任的标志，也是企业股权激励的方向，在实施的过程中，根据企业的具体情况进行灵活掌握。

企业有初创期、成长期、成熟期，在不同的时期，股权激励的方式也不太相同，股权激励以员工能接受的，有利于员工收入增加的原则，设定关键的考核指标，达到双方的共赢。随着老板与员工信任的不断建立，企业就可以全部公开透明，并可以选择权威的审计机构进行审计。

第四节 企业对人才实行股权激励需要注意哪些问题

客户张总开着一家贸易公司，开业两年多，创业时，有两个跟随他一起创业的人才，张总觉得他们非常能干，想给他们股权，这时张总就必须考虑以下问题。

1. 人才是否看好企业的未来？

创业是一个艰辛的过程，加之每个人的经历不同，思考问题的角度不同，言行也有差异，一旦产生矛盾，只有怀有开放合作心态的人，才能以宽容大度的胸怀站在团队角度思考问题，发自内心的尊重对方，理解对方，求同存异，尽量达成一致意见。

人才在企业工作，开始关注的是工资、奖金，寻求的是在企业的安全感，即人才首先要在企业吃饱，然后再关注在企业吃好。

人才在其工资和奖金满足需求的情况下，才可能关注企业的股权，公司工资属于近期收入，奖金属于远期收入，这是员工的心理需求。另外，企业赚钱人才会入股，如果企业不赚钱，且人才看不到企业的未来，人才一般是不会入股的。当然，冒险精神强的人才除外。

2. 企业的利润情况如何？

如果企业没有利润可分或者可分配的利润过少，人才入股的积极性也不大。

我们要关注公司的主营业务,主营业务在整个业务收入中所占的比重;主营业务所处行业背景、发展前景;主营业务增长情况,包括销量、收入、市场份额、销售价格走势,各类产品在公司销售收入及利润中各自的比重;公司产品系列、产品结构、产品需求状况。

3. 人才愿不愿意入股?

不少老板把人才入股看成老板对人才的福利,其实老板让人才入股,有不少人才会认为老板是用股权来绑架他,有的人才对入股有偏见。现在人才对企业的忠诚度在降低,不少人才不愿意被老板约束在企业,所以老板一定要了解人才是怎么看待股权的,人才是否愿意入股是前提。

只有拥有共同梦想和价值观的人,才能把创业视作共同的事业,当在核心问题上遇到决策分歧时,才能够从大局出发,迅速形成共识。

而如果合伙人只是利益之合,即使有股权作为纽带,一旦发生分歧,也很容易出现个人利益至上,罔顾公司发展大局的现象。一旦合伙人的短期个人利益无法得到满足,原本在利益基础之上形成的合伙关系就很容易面临解体。

因此,"道不同不相为谋",是我们在选择合伙人时必须谨记的道理。

4. 股权如何定价?

企业的股权价格,老板可以按照原始投资定价,也可以按照企业年利润的倍数定价。年利润的倍数取决于老板对人才收回投资的心理预期。如果企业不太在乎人才的钱,只是为了让他们更情愿一起做事,可以把企业估值放低一点,毕竟人比钱更重要。

5. 人才是否出钱买股？

关于人才出钱买股，最好的建议是让人才出一点钱，公司再送他们一点股，不让人才出钱怕人才不珍惜，出钱多又怕人才出不起。

6. 该给人才多少股份？

这是股权之中的难点。老板不让人才出钱，人才愿意入股；老板让人才出钱，人才就开始找理由，不是最近没钱，就是暂时家里孩子上学，资金不方便，或者小舅子结婚，刚刚把钱借走，理由一大推。最好的建议是请第三方专业机构进行沟通了解。

很多企业想给团队股份，不知道该给多少。给得少吧，怕人才不珍惜；给得多吧，怕自己没多少。给多少其实和公司的战略发展有很大关系，如果公司要上市就不能把较多的股份给团队，不然会影响上市大计；如果公司不打算上市，可以像华为一样循序渐进地分批释放股份给更多人才，把公司变成创业平台，把人才变成创业老板。

实践中，影响股权分配比例的主要因素包括：

- ◆ 经验和资历的丰富度，比如，拥有十年从业经验、丰富的创业背景。
- ◆ 对公司未来成长的贡献，比如，有市场推广背景和优秀的新产品开发能力。
- ◆ 获取资源的能力，比如，与大量业内优秀的人才交好，熟悉产业上下游各环节，掌握多种营销渠道，容易获得质优价廉的原材料，容易获得风投机构和大客户的信任。
- ◆ 对产品、用户、市场的精通和了解，比如，一个做互联网消费级产品的公司，合伙人有在腾讯四年的负责核心产品运营的经验，及在著名外包公司六年的项目管理经验。

- 热情、专注、坚定的程度。比如，执着于某一件事情，不轻言放弃，将时间都花在思考、研究、打磨、优化产品上。
- 人格魅力、领导力，能够吸引人才加入、鼓动团队士气、给大家持续注入愿景和理想，即使在最艰苦的时候也能保持团队的凝聚力。

合伙人的股权分配在本质上是根据每个人对公司未来的价值贡献而进行分配的，是对公司未来价值贡献的衡量，而不是今天谁出的钱多，谁就一定是老大。创始人可以将上述因素量化。

例如，考虑创意想法、技术贡献、资产贡献、渠道贡献、市场贡献等要素，评估各个要素的价值和各合伙人的相对贡献，将每个要素的权重设为 0～10 分，根据对企业的重要程度，给予不同的评分。比如，广告传媒公司，对创意的依赖性大，那创意的重要性可能是 7～8 分；一家制造企业，可能更依赖于资产，那资产贡献的权重可能是 6～7 分。

要　　素	权　　重
创意想法	
技术贡献	
渠道贡献	
资产贡献	
市场贡献	

接下来，各个创始人都可以基于这些要素来评估其贡献，谁提出的创业想法？谁开发的产品？谁有销售渠道？谁提供的办公资产？谁可以

拉来风投机构？谁负责品牌推广？分值依然在 0~10。

要　素	合伙人 A	合伙人 B	合伙人 C	合伙人 D
创意想法				
技术贡献				
渠道贡献				
资产贡献				
市场贡献				

然后，我们根据合伙人股权计算公式来分析如何分配股权。经过评估后，各创始人贡献和各要素权重评估如下：

要　素	权重	合伙人 A	合伙人 B	合伙人 C	合伙人 D
创意想法	7	4	3	5	0
技术贡献	5	5	5	2	0
渠道贡献	4	1	0	1	3
资产贡献	3	0	2	2	0
市场贡献	4	0	2	0	5

我们把每个创始人在各要素上贡献程度的分数，与该要素的重要性程度分数相乘，计算出加权分数。再把每个创始人的数字加起来，概括出总数，然后判定相对百分比。最后，进行一次合理性检查，判断一下这个百分比是否符合实际中的逻辑，并相应地对它们进行调整。

要　　素	合伙人A	合伙人B	合伙人C	合伙人D	
创意想法	42	21	35	0	
技术贡献	25	25	10	0	
渠道贡献	4	0	4	12	
资产贡献	0	6	6	0	
市场贡献	0	8	0	20	
分数合计	71	60	55	32	合计：218
股权比例	33%	27%	25%	15%	合计100%

这是第一轮股权分配，在此基础上考虑召集人、信誉资产、各创始人承担的责任大小等因素，以及为投资者进入和未来的股权激励预留空间等，再进行适当调整，使股权分配更加合理。

股权结构是一个弹性可塑的动态交互模式，创业者应充分考虑公司的发展方向、经营状况和融资需求以及出资人价值、投资额、收益兑现等因素，在进行深入分析后合理分配股权，并根据公司的发展变化及合伙人变动等实时调整股权架构。

7. 企业控制权如何设计？

人才入了股之后，是不是公司啥事我都得和他商量，他不同意公司就不能做决定。你们可以在合同中约定，人才入股后有分红权、建议权、增值权，可以参与管理，但最终决策权在老板本人手上，这个法律是允许的。

8. 人才入股后如何进行考核？

人才入股一般要附带考核条件，干得好，股权保留；干得不好，股权收回。考核入股人才可以和企业的经营利润挂钩，也可以和企业的人才培养挂钩，对入股人才考核的关键指标不宜过多。

9. 人才入股退出条款以及红线制度如何设计？

看人才愿意在企业工作多长时间，假如人才承诺，愿意在企业工作三年，则约定，在三年内，如果企业盈利，人才退股，按其入股的实际出资 5%的原始价格退还其入股金。

如果人才在企业干满三年，企业盈利时，人才退股，可以按其持有的 10%的比例退还，退股时的价格可以提前约定，价格可以按照利润的两倍计算，也可以约定其他的价格计算方法，目的是让人才觉得在企业干得时间越长，赚得越多。

当然这其中有非常多的细节，需要双方进行详细的约定。基本原则是人在股在，人走股收（即人才在企业工作，股份保留；人才不在企业工作，股份收回）。

第五节 中小企业人才激励实务与案例

案例一：引入外部股东优化股权结构

家族企业普遍在财务体系、治理结构等环节不透明、不规范，引进外部股东，给外部股东一定的话语权，让其通过董事会参与公司治理，可以实现以增量带动存量，用新血液涤荡旧风气，优化股权结构，改善财务体系、管理理念、治理结构等。比如引进外部战略投资者，除了能解决资金困境，其强烈的"企业家精神"，也往往会促使"一言堂"的家长式管理模式做出变革。

比如，李维公司的老板是家族成员，也是公司创始人的后代，但他们的总裁兼总经理却是一位非家族成员的顶尖专业人士。

引入外部股东和家族以外的非核心层人员共享企业的产权、剩余索取权及经营管理权，使一部分低素质的核心层人员从重要的经营管理岗位退下来，把权力交给专业的管理人员，有利于实现家族企业的内部变革，形成适合现代企业发展的股权结构。

案例二：股票增值权计划

得润电子在2019年实行了股票增值权计划，授予公司高管高松大至朗和徐建辉分别52万份和39万份的股票增值权。当时规定的行权条件为：得润电子正常经营、没有被证监会予以行政处罚，两名高管无违法违规行为、符合相关政策规定，同时，每一次行权的时候（从2019年起），上年扣除非经常性损益后的加权平均净资产收益率不低于 10%，2017 年至上年度的扣除非经常性损益后的净利润复合增长率不低于 20%。两名高管可以在 2019-2022 年的 4 年里，每年一期匀速执行股票增值权（即每期执行 25%），行权价为 12.66 元/股。但是，如果当期的股票增值权可行权而未行权，或者当期没有达到行权条件，则不能累计推后行权，股票增值权作废注销。

股权增值权的收益体现在未来股价和行权价格之间的差额。比如说，2019 年 10 月份第一次执行股票增值权，高松大至朗和徐建辉各项考察指标均达标，而股价为 15 元/股。那么，每份股票增值权就可获得每股价差收益 2.34 元（15 元/股-12.66 元/股）。若执行 22.75 万份股票增值权，高松大至朗和徐建辉就一共能获得得润电子以现金支付的 53.24 万元。

案例三：在职分红股激励

对新来的高管，可以实行分红股激励，制定相关考核标准，在考核完成后，再考虑将其分红股转化为期股、期权或者业绩股份等。

例如，A 公司新招聘一个业务部经理，负责公司华北地区的所有业务。那么，我们以公司华北区的业绩为标的，建立相应的考核指标，然后以考核指标分数作为参考依据，授予相应的分红股，年底参与分红。

假如公司去年华北区的业绩是 300 万元，前年业绩是 250 万元，今年的目标是 350 万元。根据业绩完成情况，公司给予不同奖励：

业绩完成情况（n）	分红比例
n<业绩目标的 80%	0
业绩目标的 80%≤n<业绩目标的 90%	公司总利润的 8%
业绩目标的 90%≤n<业绩目标的 100%	公司总利润的 9%

续表

业绩完成情况（n）	分红比例
业绩目标的 100%≤n<业绩目标的 110%	公司总利润的 10%
业绩目标的 110%≤n<业绩目标的 120%	公司总利润的 11%
n≥业绩目标的 120%	公司总利润的 12%

假如该总经理今年完成业绩 400 万元，公司利润为 50 万元。那么，年底就可以分到 5.5 万元的利润分红。在这种动力下，该总经理会努力提升区域销售业绩，以确保获得更多收益，但如果中途离开，便意味着放弃全部分红收益，归公司所有。考虑上述原因，该总经理不会轻易离开，最终，公司留住了人才，也提升了业绩。

在完成一年的分红股后，公司可以对其作一个全面评估，考虑是否对其实行期股或期权激励，以进一步强化激励效应。

第七章

落地方案

落地股权激励方案及相关协议讲解

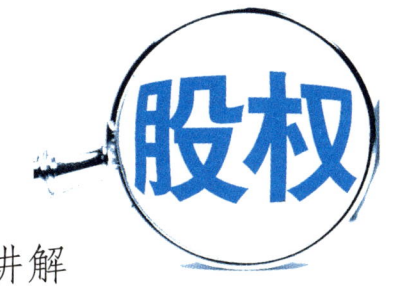

　　股权落地方案，即通过协议转让、法院诉讼等方式将股权过户至目标个人或者企业。在企业发展的阶段核心员工超额的工作付出对于公司发展壮大至关重要，所以需要对核心员工的付出给予等价的回报，而股权无疑是随着公司发展壮大等价增值的最好激励，根据公司的发展目标、商业模式设置有效的股权方案就显得尤为重要。

第一节　实操中小企业股权方案案例

股权激励的目的，其实也是为了满足员工的需求。在盛大、百度等陆续梦幻上市的基础上，通过股权期权这一独特的"创富机器"造就了千百个百万富翁。由此可见，"股权激励"被越来越多的企业重视和运用。

案例一：实操落地某酒店股权激励分红方案

湖南新望大酒店（化名）是一家定位中端的酒店，在业内具有一定的知名度。这家企业的老板希望通过股权激励政策来提升酒店管理人员的动力。酒店的蒋总认为："实施股权激励，要尊重酒店的历史，重视现在，更加注重未来；将股权与期权结合，将酒店股东与管理层的利益捆绑，将股权激励与管理人员高度结合。"

实施股权激励，是为了酒店实现资源整合、优势互补，谋求更广阔的发展与扩张。其实，酒店的这次股权激励计划，并不是将老板的钱分出去，而是将人才创造的未来财富通过激励当下分出去。这就是股权激励的核心，在于懂得用股权激励的机制吸引人才、留住人才，更营造出"为自己而干"的工作氛围，让酒店内部的利益共同体们全力以赴。

说到这家酒店，我们就必须要提一提湖南新望大酒店的蒋总。蒋总经营的新望大酒店已经有25年的历史，员工150多人，主要是以餐饮、宴席为主，客房为辅，在当地已经是一个知名老品牌酒店。该酒店有高管 10 多人，跟随蒋总有 23 年、20 年、15 年的，最少的都得有 5 年时间以上，蒋总慢慢发现以前的工资模式、发奖金模式以及年终奖模式，根本不起什么激励作用，反而还增加了酒店的成本开支，更重要的是调动不了团队的积极性，起不了激励效果，而且邻近的同行对团队进行了股权激励。

消息传出后，新望大酒店的不少高管蠢蠢欲动，有的已经跳槽，还有的已经递了辞职申请。蒋总也有去学习过股权课程，但是对于怎么实操落地，毫无头绪。2017 年年底通过朋友介绍了解到笔者的公司主要以到企业策划股权方案以及落地股权方案为主，故毫不犹豫地请笔者的公司做酒店的股权顾问，笔者带领团队去蒋总酒店进行调研，量身设计方案以及落地股权激励方案。

以下为落地流程以及操作方案：

第一阶段：调研分析

通过对蒋总酒店的餐饮部门进行调研，主要从以下七大维度入手。

（1）酒店周边情况

蒋总的酒店位于都市繁华商圈，周边人流量比较大，用餐需求比较旺，因此，周围酒店也比较多。

（2）客房服务

客房为辅，要做好接待工作，离不开出色的接待服务员，选定接待人员后，要进行明确的接待工作的分工，并且在必要时对接待人员集中进行培训。

（3）组织结构

蒋总目前的酒店人员身兼数职的现象比较常见，尤其是在住宿、用餐高峰期，酒店之前的组织结构如下：

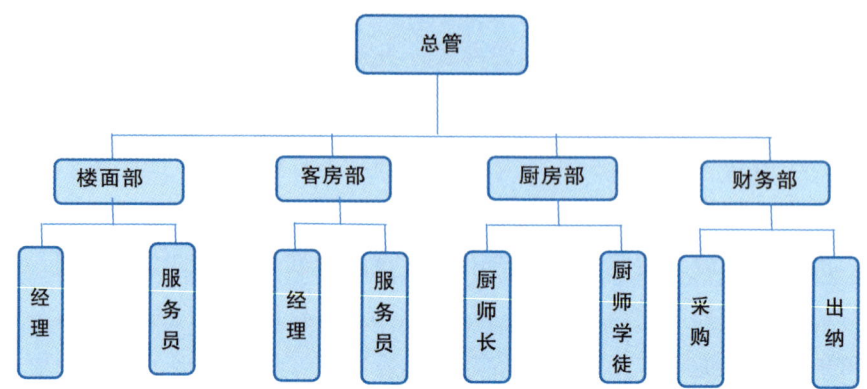

（4）薪酬考核

据了解，蒋总酒店员工的平均薪资在 5000 元/月，整体偏低，酒店没有任何绩效考核制度，而仅仅靠蒋总在年底发年终奖，开年加点工资。

（5）财务状况

根据 2017 年的财务收支数据，我们统计了年度平均收支状况，如下表所示。

蒋总酒店年度平均收支状况（单位：万元）

营业收入	3000
（减）员工工资	900
（减）食材	1000
（减）办公费用	400
（减）其他	100
净利润	600

依据上述数据统计，算出蒋总酒店的利润率只有 20%，远远不及同行业的平均水平。

（6）团队状态

团队工作没有积极性，蒋总在的时候，员工做事比较积极；蒋总不在的时候，管理人员比较懒散。笔者团队通过对管理的沟通调查发现，团队对酒店和老板的认可度不高，认为薪资太低，没有发展前途。

（7）竞争者分析

周边附近酒店的规模较大一些，整体利润率达到30%左右。最近半年，蒋总的酒店人员流动频繁，导致菜品和服务质量下降，客人有一定程度的流失，而流失的客户基本上是去了周边酒店消费。

第二阶段：方案探讨

通过第一阶段的调研工作，我们对蒋总的酒店的经营问题作了汇总，并提出相应的改进建议。

蒋总的酒店的问题总结及改进建议

序号	问　题	改进建议
1	职责不清，工作出现问题相互推诿	酒店以人定岗，以岗定考核机制，逐步完善规章制度
2	利润率低，营业额有待提升	建立相应的考核指标，降低成本，加强全员营销意识，提升营业额
3	团队工作不饱和，懒惰现象严重	提升效率，建立考核标准，让付出多者多得，少劳少得
4	酒店管理人员没有动力，工作缺乏热情	第一批不出资参与分红，实施分红股激励，将收益与管理利益挂钩，第二批需要出资
5	缺乏文化激励	建立早、晚会机制，早会激励团队，晚会做工作总结，提出改进措施，休闲日组织团队活动，提升团队凝聚力

通过与蒋总的深入探讨，笔者提出如下建议，并得到蒋总的充分认可。

◆ 规范每个人的岗位职责，建立考核标准。

- ◆ 建立晋升机制，实施人才培养计划。
- ◆ 建立酒店管理流程，管理标准化。
- ◆ 导入超额分红股以及在职分红股激励方案。
- ◆ 对人员进行精简，培养精兵强将。

预计实施方案包括：绩效考核、晋升机制、分红股激励方案、分红股收益测算表、标准化建设规范。

在获得蒋总的认可后，我们开始对方案进行研究，进入方案制作阶段。

第三阶段：方案制作

由于酒店管理人员流动频繁，因此我们在实施超额分红股激励方案时不以一年为单位计算，而以半年为单位计算，以增强激励效果。

分红股激励方案包括以下设计要点：

某酒店分红股激励方案的设计要点

序号	设计要点	序号	设计要点
1	明确超额分红股激励的目的	6	确定分配岗位和人员
2	测算收益并做调整	7	探讨标准化建设
3	制定绩效考核标准	8	制定半年度利润目标
4	对岗位进行价值评估	9	确定退出和红线制度
5	确定分配股数	10	设计专业协议

（1）明确在职分红股激励方案的目的

某酒店这次分红股激励方案的主要目的是：

- ◆ 吸引并留住优秀人才。
- ◆ 提升管理人员的工作积极性和主观能动性，激发管理人才动力。
- ◆ 让管理人员与酒店的目标相一致，快速提升酒店的利润。
- ◆ 培养管理人才。

（2）制定半年利润目标

我们开展蒋总的酒店的咨询辅导时间是 2017 年 12 月底，因此，初步确定方案实施时间在 2018 年 1 月 1 日，在与蒋总探讨后，我们设定如下目标：

蒋总的酒店半年度利润目标　　　　　　　　（单位：万元）

时　　间	基础利润	300～450 万分红为	450 万以上分红为
2018.1.1—2018.6.30	300 万	30%	40%

（3）确定分配比例

酒店实行超额利润分红股激励，半年超出基础利润≤150 万拿出其中的 30%，150 万以上拿出其中的 40%对管理人员进行分红股激励，团队半年分红一次，其间因个人原因离开酒店者，原则上视为自动放弃，本年度无分红。

（4）制定绩效考核标准

我们对每个管理人员以月为单位进行绩效考核，每月分数达到 70 分，制定如下绩效考核标准：

岗　　位	最高分 40	最高分 40	20 分
总管	利润达标率	协调工作出一次问题扣 5 分	直接上司评分
楼面部经理	利润达标率	客人对服务投诉一次扣 5 分	直接上司评分
客房部经理	利润达标率	客人对卫生投诉一次扣 5 分	直接上司评分
厨师长	客人对菜品投诉一次扣 5 分	上菜不及时一次扣 5 分	直接上司评分
收银员	对客人的积极性热情度	收银失错一次扣 5 分	直接上司评分

(5) 确定分配岗位人员以及股数

股份激励的对象为公司的核心人才，超额利润分红股模拟成 1000 股。通过各项数据采集以及岗位评估，我们来看激励人员的方式以及股份分配数据。

人数	岗位	负责事情	岗位股数	技术股数	绩效考核股数
1	总管	酒店总管	45		40
2	楼面部经理	楼面部经理兼人事	20		20
2	客房部经理	客房住宿	20		20
13	厨师长	餐饮部、厨房	20	15	20
2	收银员	收银和开票	10		10

(6) 分红测算表

岗位	总股数	利润450万	分红金额（元）	利润600万	分红金额（元）
总管	95	450元/股	42750	1050元/股	99750
楼面部经理	40	450元/股	18000	1050元/股	42000
客房部经理	40	450元/股	18000	1050元/股	42000
厨师长	55	450元/股	24750	1050元/股	57750
收银	20	450元/股	9000	1050元/股	21000

(7) 退出方式

超额利润激励，只针对内部管理层，离职或者被降级，便意味着放弃分红权利，工资部分照常发放。

(8) 对核心高层设计在职分红股激励

总管和经理以及厨师长分别配在职分红股以及超额在职分红股激励（低于300万利润无分红）。

人数	岗　位	利润 450 万之内	利润 450 万之上
1	总管	2%	3%
2	楼面部经理	1%	2%
2	客房部经理	1%	2%
2	厨师长	1%	2%

以上核心人才可以分配两笔分红，除了超额分红，还有在职分红以及超额在职分红。

（9）收益测算

岗　位	总股数	利润 450 万	在职分红	分红金额（元）
总管	95	450 元/股	2%	123750
楼面部经理	40	450 元/股	1%	58500
客房部经理	40	450 元/股	1%	58500
厨师长	55	450 元/股	1%	65250

第四阶段：上门酒店宣讲方案并且启动股权激励大会

在酒店启动大会宣讲方案时，我们输出并讲解整套股权激励系统方案，股权激励的发放以及目的、收益测算表、分红方式、绩效考核、退出以及红线制度等，并针对相应问题现场予以解答。

第五阶段：协议的制作以及签订

任何一家公司对于员工股权激励或者股东合作不重视签协议的合作都是耍流氓，合伙之前先小人后君子，必须签订《股权激励分红协议》以及《在职分红协议》，协议必须完善红线制度、退出制度以及法律风险，尤其重要的是提前做好风险的规避。

第六阶段：跟进方案的落地效果

激励方案在执行落地初期，往往效果立竿见影达到 6 种结果。

（1）10 多个高管的状态以及积极性明显提升。

（2）客人的满意度明显提高。

（3）为酒店节省50万元成本。

（4）酒店定的利润目标不但达成，而且还超越了目标。

（5）高管一年的分红比一年的工资总和还要多。

（6）后面的团队非常想加入一起分红，最后给蒋总非常好的建议，一方面每半年定利润目标，达成后开启旅游计划（最低2天，最高7天）。另一方面可以听取未参与分红人员的声音，了解他们对酒店未来的看法以及好的建议。在文化建设上，我们要求酒店早上开早会，进行文化激励；晚上开晚会，进行工作总结，包括总结一天中表现好的和表现不好的，并提出改进建议。每季度召开表彰大会，由笔者给优秀人才颁发奖金和红利等，并做激励宣导。

经过一系列的改革，蒋总的酒店的业绩和利润率都得到了大幅度提升，团队状态焕然一新。蒋总总结出非常经典的话："老板股份越多公司发展越小，老板股份越少公司发展越大。"

案例二：实操落地某初创公司股权设计方案

李龙（化名）梦想在广东有家自己的公司，实现自己的老板梦。于是他先在广东一家精密五金公司打工7年，积累一些资金和客户资源再开始创业。但是靠自己的能力，开公司还是比较吃力，于是他找了平时玩得比较好的同学以及朋友——张松、肖会华、唐兴洪（均为化名），共4人合伙创业。

在创业的道路上，他们每个人优势互补，各自发挥自己的优势。李总作为公司发起人负责整体运营，出资100万元，全职干活；张总出资40万元负责营销又带团队，全职干活；肖总负责技术研发，不出钱全职干活；唐总投资 160 万元，只出钱不做事。

他们第一次合伙开公司，面对这种复杂的情况，作为发起人，李总害怕股东合伙因为合不好就会散伙甚至还会反目成仇。但又不得不合伙，因为李总一个人做不起来。这是很多老板合伙都会面临的真实情况，摆在李总眼前的困惑是：

（1）股东之间股权如何设计？

（2）李总作为发起人如何掌握公司控制权？

（3）股东之间的股份利益如何分配合理？

（4）李总如何提前规避股东退股或者闹矛盾的风险？

2018 年初，李总通过线上学习了解到笔者的公司主要以到企业策划股权方案以及落地股权方案为主，特意来到笔者的公司详聊后请本人帮忙设计股权方案。操作方案如下：

第一阶段：详细分析

我们对于李总以及张、肖、唐 4 位股东进行股东类型的分析，让大家明白，股东分为 4 种股东类型：资金股、资源股、人力股、顾问股。

股东类型	释 义	进入方式
资金股	只投资金不干活	溢价进入
资源股	提供自身资源进行变现	考核进入
人力股	全职干活的股东及管理人才	能力进入
顾问股	自身的优势为公司出谋划策	智慧进入

目前公司出现 2 种类型的股东——资金股、人力股。

资金股类型	人力股类型
李龙	李龙
张松	张松
唐兴洪	肖会华

第二阶段：详细沟通及股份的分配

笔者通过对公司的分析以及和 4 位股东初步的沟通，对人力股以及资金股的比例进行划分，公司的运作以及发展主要靠人力和资源，资金只是其中一小部分，4 位股东一致认同，人力股占公司 70%的贡献，资金股占公司 30%的贡献，资金股东为李龙、张松、唐兴洪，共同出资 300 万元，各股东的资金股算法为，个人出资÷总资金×30%，算出各股东占资金股比例为：

股东	资金股比例
李龙	10%
张松	4%
肖会华	0
唐兴洪	16%

人力股 70%如何分配？笔者进行测算评估之前，需要与李龙、张松、肖会华共同沟通各股东在公司的贡献值。李龙作为公司的发起人，不但负责公司的整体运营以及管理，而且还有稳定的客户资源以及人脉，张松负责业务主要带业务团队，肖会华只负责技术板块。

通过对 3 位股东的评估，人力股分配如下：

股东	人力股比例
李龙	35%
张松	17.5%
肖会华	17.5%
唐兴洪	0

算出资金股及人力股的比例进行相加，就能得出每个股东的股份比例：

股　　东	资金股比例	人力股比例	股份比例
李龙	10%	35%	45%
张松	4%	17.5%	21.5%
肖会华	0	17.5%	17.5%
唐兴洪	16%	0	16%

第三阶段：详细沟通及股权的设计

笔者经常和企业家讲，作为公司的创始人，要谨记在心的三句话："股份可以多分""股权不要乱放""没有控制权的创始人简称光杆司令"。那么公司的股权如何设计？笔者问了4位股东几个问题：

（1）公司以后是否需要分股份给有能力的人才，留住人才，激励人才？股东一致回答10%的股份可以给人才。

（2）公司以后是否需要融资，引进股东？股东一致同意回答需要。

（3）公司未来发展是上市还是不上市？股东非常含蓄地回答，传统行业上市很难，能做成规模或者影响力就可以了。

针对股东回答的三个问题，笔者给出非常专业而且比较人性的股权设计方案，不但让创始人掌握控制权而且提前规避引进资金以及给团队股份的风险。细节如下：

（1）由李龙和肖会华成立一家有限合伙企业作为公司的持股平台占公司10%的股权，李龙担任普通合伙人GP，肖会华担任有限合伙人LP，成立有限合伙的目的是预留股份给未来有能力的人才。

（2）李龙、张松、唐兴洪，作为公司股东，肖会华因为没有投资，前期股权由李龙代持，工商备案股权比例为：

备案股东	股权比例
李龙	56.25%
张松	19.35%
唐兴洪	14.4%
有限合伙	10%

李龙个人的股权加有限合伙的股权，目前已经达到66.25%的比例，还未达到绝对控制权，笔者通过与唐兴洪沟通来解决这个难题。因为唐兴洪只投资不干活，所以建议与李龙签署一致行动协议以及表决权委托协议，委托李龙行使股东权利，协议期为3年即可。这样一来，李龙在公司的控制权达到80.65%的绝对控股权。

第四阶段：经营股东的利益分配

何为经营型股东？意思是在公司能全职做事，还有固定职位的股东。经营型股东如何给待遇是个难点问题，笔者发现很多合伙公司的经营型股东不拿工资也没有额外的分红，这种方式很容易让做事的股东没有动力，经营型股东就算做得好，分钱时也是按股份拿，万一做得不好，责任都在经营型股东身上。

笔者给4位股东分析完后，4位股东非常认同笔者的思维，这是他们没想到的，希望笔者对经营型股东合理地给一些分配。

笔者提出三种分配方式：

（1）经营型股东可以拿在职工资。

（2）经营型股东可以拿业绩提成。

（3）经营型股东可以拿职位分红。

4位股东经过分析，认为第三种方式是公司赚了钱再拿出部分利润分给经营型股东，比较合理。最终股东一致同意，拿出15%的利润分配给经营型股东，剩下的按原始比例进行分配。

第七章
落地方案——落地股权激励方案及相关协议讲解

第五阶段：相关协议的制作及签订

为了让公司能够良性运营，股东之间和睦相处，不会因为股权反目成仇，笔者提出股东合伙之前"先小人后君子"，签署《股东合作协议》《有限合伙协议》《代持协议》《表决权委托协议》，协议内容要提前设计好相关的转让制度、退股制度、回购制度、增资制度、红线制度、竞业制度等，避免秋后算账。

案例三：实操落地某科技公司股权众筹方案

杭州大成电力科技有限公司（化名）是一家以生产经营环保紧凑型固体绝缘高压成套开关设备为主导产品，集研发、制造、服务和销售于一体的新型科技企业。公司现有员工 100 多人，其中管理层 20 人左右，现有 10 个部门，分别负责研发、生产、销售以及后勤工作。

公司肖总管理能力强，所以公司内部管理非常顺畅，但外部面临同行打价格战，经销商、代理商无动力卖产品，市场推广难度相当大，公司业绩连续两年下降 40%，内部股东分红一年比一年少，对公司未来发展力不从心。

肖总想通过股权的方式激励经销商、代理商，但自己没有实操过，也知道动公司股权如果没有规避好风险有可能会得不偿失。太多成败的公司案例，让肖总明白股权是把双刃剑，用得好公司可以前程远大，用不好公司就会寸步难行。

俗话说："专业事交给专业人做。"于是，2018 年年中通过朋友介绍，肖总了解到笔者的公司主要以到企业策划股权方案以及落地股权方案为主，就毫不犹豫把请笔者做公司的股权顾问。笔者带领咨询团队到肖总的公司进行调研、开展设计众筹方案以及落地股权众筹方案，以下是落地流程以及操作方案。

第一阶段：企业调研分析

（1）公司目前战略规划如下：

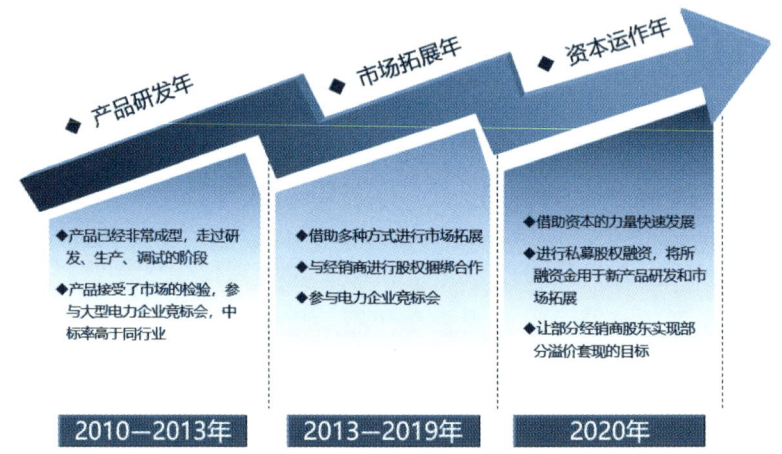

（2）公司资本路径

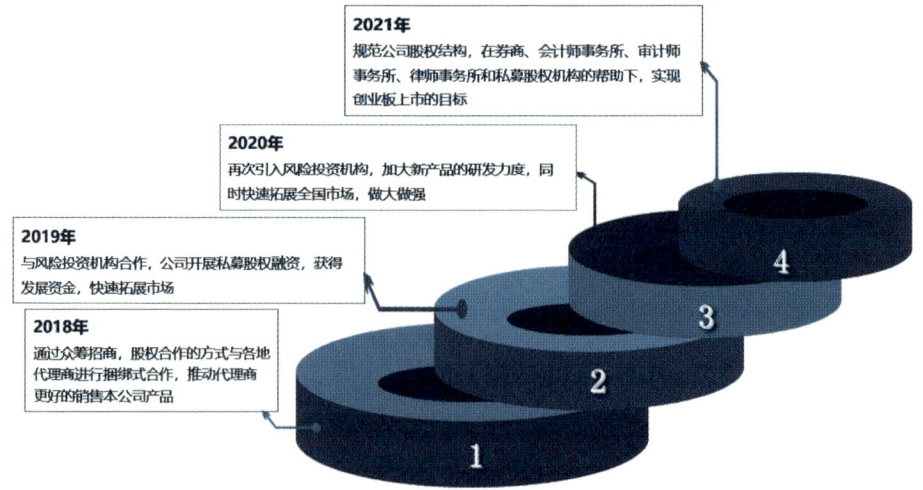

第二阶段：方案探讨

笔者经过几天的调研，深入了解了企业的基本情况，此次股权众筹的重点是针对经销商、代理商。因此，我们特意重点拜访了 50 多家经销商、代理商，电力设备销售公司，进行摸底调查。从调查过程中反馈过来的情况来看，有 30%的调查对象对公司实施股权众筹方案表示欢迎，愿意和公司一起长远发展。

第三阶段：方案制作

笔者从以下十大步骤逐步推进，在与公司股东进行碰撞的过程中逐步确定下来。

（1）定目的

此次，企业实施股权激励方案，最主要的目的如下：

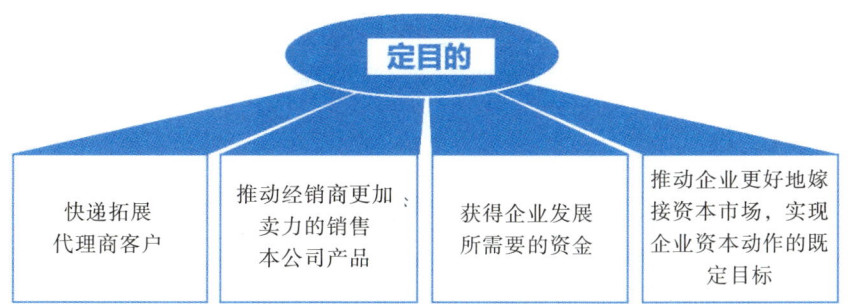

具体如下：

- ◆ 以杭州为核心，在全国各地大中型城市开展股权众筹招商活动。
- ◆ 股权众筹活动的主题可以暂定为"项目招商与路演"，邀约对象为当地的代理商或准代理商，包括电力设备销售公司等。
- ◆ 公司提前一个月在某一城市确定好具体的时间、酒店和活动主题后，集中所有的精力邀约代理商或准代理商客户来参加活动。

- 公司派遣具备很强演讲水平的老师去当地演讲，演讲内容包括公司产品介绍、项目优势分析、代理商政策、股权合作方式等，现场激励客户签约打款并签订股权合作协议。
- 现场成为公司战略合作伙伴的客户，公司不仅以更低的价格提供货品和运输服务，还赠送一定数量公司股份，提供产品销售的培训支持服务等各项服务支持。

（2）定对象

此次股权众筹的对象，我们选定在各地的代理商和经销商，基于此，我们将此次股权众筹方案纳入的人员名单制作成表格，并打印统计，同时，我们制作了股权激励问卷调查，了解他们的真实情况。

（3）定众筹方式

公司在全国各地的不同城市，定期举行股权众筹招商活动，邀请当地及周边的经销商参加，经销商既可以是已经合作的客户，也可以是未合作的客户。因此，公司在确定了招商会议的时间和地点后，市场开发人员就需要全力以赴地邀请经销商到会场，之后，公司邀请专业的宣讲老师做演讲，并宣导公司政策。

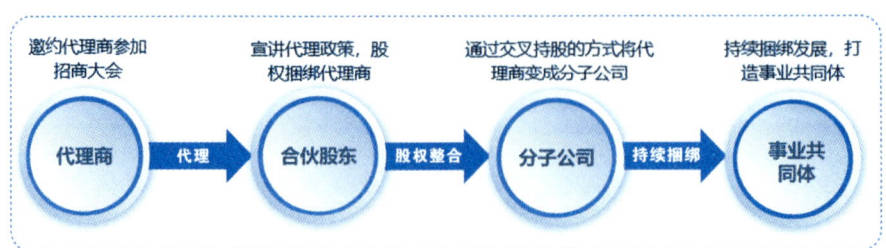

（4）定合作方式

经销商通过一次性缴足进货款项，获得公司赠予的实股股份，进而通过持有公司股份享受相应收益。

公司招商政策

进货金额 （单位：万元）	获得产品	获得股份
30	以 3.8 折的折扣进货 30 万元货物，同时享受 1 年的 3.8 折折扣进货价	免费获得价值 30 万元的实股
50	以 3.5 折的折扣进货 50 万元货物，同时享受 1 年的 3.5 折折扣进货价	免费获得价值 50 万元的实股
80	以 3.2 折的折扣进货 80 万元货物，同时享受 1 年的 3.2 折折扣进货价	免费获得价值 80 万元的实股

经销商一次进货未能达到 30 万元，只能以 4 折的折扣进货，同时不能享受公司赠予的股份。因此，经销商要想获得更大的收益，就必须多进货，进而推动公司销售额提升。

（5）定众筹标的

此次股权众筹，我们以总公司作为标的，同时成立持股公司，持有总公司股份，将众筹股东纳入持股公司平台，统一管理。持股公司既可以是有限责任公司，也可以是有限合伙企业。由于有限合伙企业可以规避双重税负的问题，同时又能帮助创始人掌握控制权，因此有限合伙企业往往成为这种持股平台方案的首选。

（6）定众筹价格

目前公司估值为 1.3 亿元，现将公司拟定为 1.3 亿股，每股 1 元。公司前期计划预留 1300 万股的股份，作为开展股权众筹合作的股份来源。

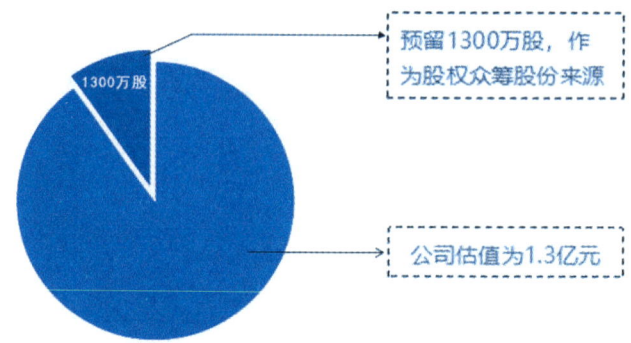

基于此,原有股东股份占比将稀释 10%。后期在开展股权众筹活动中,在原有基础上进行增发,原有股东(包括众筹成为公司股东的经销商)股份进一步稀释。

(7)定股权比例

经销商的股权比例是以经销商持有股份的数量除以总公司股份总数进行计算的,由于公司在不断地增发股份,发行新股,因此,之前股东持有的股份比例会被稀释,但是股东持有股份的股价会不断上涨。

(8)定权利与义务

股东权利:

- ◆ 享受每年利润分红(分红比例为当年净利润的 50%～80%,剩余利润留存到公司发展)。
- ◆ 按照持股比例参与标的企业经营决策。
- ◆ 可以对所持有的股份进行转让套现。
- ◆ 总公司如果上市,股东可以享受上市的溢价收益。
- ◆ 内部股东转介绍其他客户代理本公司产品,可以获得公司内部提成机制设计的提成收益。

第七章
落地方案——落地股权激励方案及相关协议讲解

股东义务：

- ◆ 不得有损害公司的行为（如对外宣传关于公司的虚假信息，泄露公司商业机密，以公司名义开展与对本公司不利的商业活动等）。
- ◆ 不得私自利用持有公司股东的身份进行抵押或质押借贷。
- ◆ 不得利用股东身份进行利益输送，或者进行关联交易。
- ◆ 不得撬挖公司员工，开设与公司有竞争性的企业。
- ◆ 借用公司名义开展其他业务必须经过公司同意。

（9）定退出方式

退出方式：

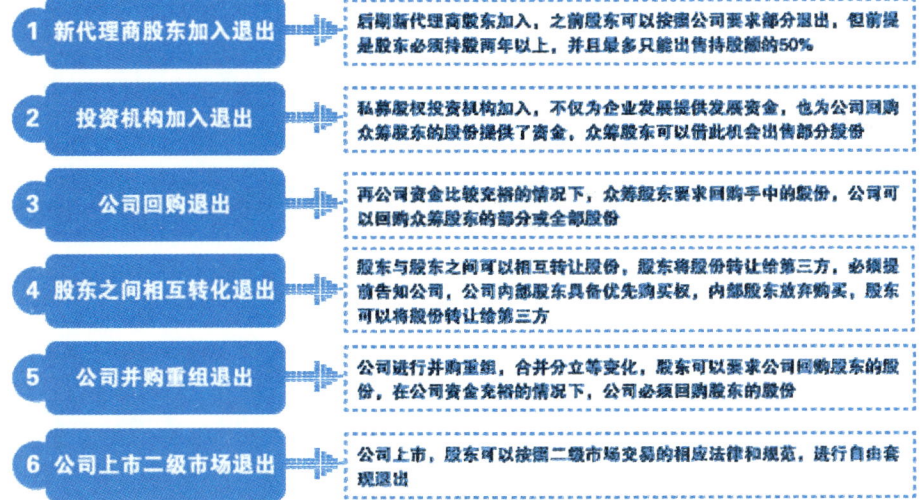

（10）定转变方式

转变方式：

继承	退股	质押	清算	合作终止
股东死亡，股份由亲属或指定对象继承，股东提出继承请求，其他股东予以审核，1个月之内给予回复，符合公司股东标准（不存在关联利益，无不良社会记录，不会给公司带来损失），方可继承	新加入的股东，两年之内不得退股，特殊情况另议 两年后，股东的股份可以转让给内部股东或第三方，股东死亡继承的不受此限制	股东将股份质押必须取得其他股东同意，其他股东合计占股达50%以上股份的股东同意，方可质押，处于锁定期的股份不得质押	公司经营不利时，合计占股达三分之二以上股份的股东提出清算的，公司按股东的股份比例进行清算	代理商股东停止合作，公司对该股东进行评估，未对公司造成伤害，公司评估该股东的股份公允价值，回购该股东的股份，回购资金在一年后发放总金额的50%，剩下金额在2年后全部发放完毕，中途有给公司带来伤害，进行扣抵

第四阶段：招商方案设计

此次股权众筹方案的核心在于招商方案的设计和实施。我们以会销的方式在全国各地推行。招商方案可以在股权众筹方案的基础上进行修订，主要包括以下内容。

（1）公司发展方向

主要向经销商、代理商展示公司发展方向、未来规划，让经销商、代理商看到企业发展的希望，激励经销商、代理商成为公司股东。公司发展方向的展示包括产品、品牌、商业模式、团队、资本运作等的建设。

（2）经销代理政策

经销代理政策包括经销商进货政策、股权合作政策，以及成为经销商或股东后，享受的相应的权利与义务。

（3）股东收益测算

成为公司股东后的收益测算，包括分红收益，公司价值增长后股权转让而得的溢价收益。我们可以设计相应表格，对每一个数据进行测算。

（4）股东权益保障

经销商成为公司股东后，公司必须与经销商签订股权合作协议，将相应的权利、义务、退出条款都写入条款。同时，总公司需要规范财务数据，股东有权查看公司账簿，了解公司经营情况。

第七章 落地方案——落地股权激励方案及相关协议讲解

（5）股东价值宣导

需要让经销商明白股权投资的价值和意义，我们可以以案例的形式，直观地展现股权投资的价值。

（6）客户见证

未来公司可以树立一些标杆经销商股东，邀请这些标杆经销商股东上台分享心得和感受，展示自己成为股东后的收获。同时，我们也可以给这些标杆经销商股东录制视频或音频，拍摄照片，作为下次开展股权众筹活动演讲的素材。

第五阶段：现场宣导股权众筹方案

以会销的形式开展活动，是本次股权众筹方案实施的具体表现形式。我们邀请了行业专业的演讲大师帮助公司对此次股权众筹方案做宣讲，并且经过多次实践，我们将会销的实施流程、具体细节进行标准化，形成操作手册，作为下一次执行的标准。

第六阶段：协议的制作以及签订

公司股权众筹方案的落实，对于经销商、代理商来说是一件锦上添花的事，如果公司只是嘴上说，没有任何文字上的证明，最终得到的结果一时兴奋，永久失望，得不偿失，红线制度、退出制度以及法律风险，尤其重要的是提前设计做好风险规避。

第七阶段：跟进方案的落地效果

众筹方案执行一年时间，公司达到3种结果：

（1）公司业绩增长一倍。

（2）利润率从原来的15%增长到23%。

（3）被风投机构看中愿意按2.5亿元估值进入资金。最终肖总总结出非常经典的话："公司的股权如果不能激励市场，股份再多也赚不到钱，更不值钱。"

第二节　股东合伙，内部人才激励需要签哪些协议

合伙开公司，首先想到的就是找家代理公司拟个模板式的章程，分配好股权比例和高管名额，注册成立一家公司就开干了，很少会想到要签什么股东协议。一起合伙开公司的，就算不是亲朋好友，也是较为熟悉的人，所以大家之间一开始并没有戒心，也不好意思找各方签所谓的股东协议。然而，正是在这样的背景下，才往往为后来的股东纠纷或者公司僵局埋下伏笔。那么，股东之间除了要有公司章程的约束，为什么还要签署股东协议呢？

1. 股东合作协议

本股东协议/合伙协议适用范围：

本股东协议/合伙协议适用于创业前各股东之间基于未来项目的投入安排、分工、股权权益限制、收益分配及后续可能出现的影响企业存续发展的例外情况安排的整体约定。在公司成立前或公司已经成立，均可使用本协议。

在一般情况下，股东之间在创业初期基于一个共同的目标有着美好的憧憬，考虑到创业初期各股东之间利益纠葛较少，所以在创业初期大家共同的利益点就是利用自己的优势将企业做大做强，对于前期的股东协议/合伙协议也基本很简单，涉及内容较少。但是，后期随着企业慢慢做大，各方之间对于利益分配越来越在意，如果等到企业做大的时候再

第七章
落地方案——落地股权激励方案及相关协议讲解

去制定各项制度去规范权益限制、收益分配以及出现例外情况再去解决，基本上已经很难或者无法解决，留给各位合伙人的将是合伙人之间的勾心斗角、占着股权不干活或者在私下做着和企业有同业竞争的业务，损害企业整体利益。

本股东协议/合伙协议主要内容：

根据公司法、企业合伙法以及实践中的各种案例，我们对该初创企业在创立初期及后期发展过程中可能遇到的各种影响企业发展壮大的事项进行约束，主要包括项目的基本情况、投入的安排（包括股权结构的安排）、各股东的分工、引入新投资的股权稀释（包括非投资人股东）、表决权的安排、项目后期收益（亏损）安排、股权权能限制、例外情况约束等。使用人可以根据实际情况对该协议进行增减。

股东协议/合伙协议

甲方：×××，身份证号码：×××

地址：×××

手机号码：×××，电邮：×××

乙方：×××，身份证号码：×××

地址：×××

手机号码：×××，电邮：×××

丙方：×××，身份证号码：×××

地址：×××

手机号码：×××，电邮：×××

说明：以上一方，以下单称"创始股东"或"股东"，合称"全体创始股东"或"全体股东"，或"协议各方"。

全体股东经自愿、平等和充分协商，就共同投资设立本协议项下公司，启动本协议项下项目的有关事宜，依据我国公司法民法典等有关法律规定，达成如下协议，以资各方信守执行。

第一条　公司及项目概况

1.1 公司概况

公司名称为×××，注册资本为人民币（币种下同）：×××万元，公司的住所、法定代表人、经营范围、经营期限等主体基本信息情况，以公司章程约定且经工商登记规定为准。

第七章
落地方案——落地股权激励方案及相关协议讲解

1.2 项目概况

项目是一个×××，致力于×××，发展愿景是成为×××。

第二条 股东出资和股权结构

2.1 股权比例协议各方经协商，对出资方式、认缴注册资本、股权比例分配如下：

甲方：以现金方式出资，认缴注册资本×××万元，持有公司×××%股权。

乙方：以现金方式出资，认缴注册资本×××万元，持有公司×××%股权。

丙方：以现金方式出资，认缴注册资本×××万元，持有公司×××%股权。

2.2 如任一股东决定以专利、商标、著作权、不动产等法定其他出资形式出资的，应依法办理相关评估、交付或转让手续。

2.3 全体股东一致同意按公司章程约定，按时履行出资义务，否则，其股权比例自动调整为实际出资金额占公司注册资本金的比例。

2.4 公司注册资本金到位后，如仍不能满足公司资金需要，则全体股东应按各自股权比例追加投资，不愿意出资的，则其股权比例调整为实际出资金额占追加投资后公司的注册资金的比例。

第三条 股权稀释

3.1 如因引进新股东需出让股权，则由协议各方按股权比例稀释。

3.2 如因融资或设立股权激励池需稀释股权的，由全体股东按股权比例稀释。

第四条 分工

甲方：出任×××，主要负责×××。

乙方：出任×××，主要负责×××。

丙方：出任×××，主要负责×××。

第五条　表决

5.1 专业事务（非重大事务）

对于股东负责的专业事务，公司实行"专业负责制"原则，由负责股东陈述提出意见和方案，如其余股东无反对意见的，则由负责的股东执行；如其余股东均不同意，公司 CEO 仍不投反对票的，负责股东可继续执行方案，但 CEO 应就负责股东提出的方案执行后果承担连带责任。

5.2 公司重大事项

除下述须经得出席会议的股东所持表决权的三分之二以上通过外，对于公司其他重大事项，全体股东如无法达成一致意见，在不损害公司利益的原则下，由占公司××%以上表决权的创始股东一致同意后做出决议。

5.2.1　修改公司章程

5.2.2　增加或者减少注册资本的决议

5.2.3　公司合并、分立、解散或者变更公司形式的决议，必须经出席会议的股东所持表决权的三分之二以上通过。

第六条　财务及盈亏承担

6.1 财务管理

公司应当按照有关法律、法规和公司章程规定，规范财务和会计制度，特别是资金收支均需经公司账户，并由公司财务人员处理，任一股东不得擅自动用公司资金。

6.2 盈余分配

公司盈余分配依公司章程约定。

6.3 亏损承担

公司以其全部财产对公司债务承担责任，全体股东以各自认缴的出资额为限，对公司债务承担有限责任。

第七条 股权兑现（限制性股权）及股东权利

7.1 为保证创始人团队及创业项目的稳定，全体股东一致同意：各自在本协议约定及工商登记的注册资本、股权均为限制性股权，分期兑现。

7.2 全体股东一致同意：本协议所称的限制性股权兑现期为 48 个月，自本协议签署之日起，每个月兑现 2.083%，满 48 个月兑现 100%。

7.3 虽有股权分期兑现的限制，但无论股权是否 100%兑现，股东仍享有股东的分红权、表决权及其他相关股东权利，但非经全体股东一致同意，不能进行任何形式的股权处分行为。

第八条 回购及程序

8.1 离职、退出及民事行为能力/劳动能力受限回购

全体股东一致同意：在限制性股权 100%兑现完毕前，任一股东主动从公司离职或退出的，或因全部或部分丧失民事行为/劳动能力等原因无法继续履行公司股东权利义务的，则其限制性股权按如下方式处理：

8.1.1 未兑现的限制性股权。对于未兑现的限制性股权，公司有权以人民币壹元的价格（如法律就转让的最低价格另有强制性规定的，从其规定）予以回购；如公司不予回购的，其余股东有权按照各自工商登记的股权比例，亦以人民币壹元的价格（如法律就转让的最低价格另有强制性规定的，从其规定）予以回购。

8.1.2 已兑现的股权。对于已兑现的股权，其余股东有权按各自股权比例以回购情形发生当日最近一轮新的融资的估值的 80%的价格（如未融资的，则按公司届时的资产评估报告或审计报告对象确定的股权价值）进行回购。

8.2 过错性回购

8.2.1 全体股东一致同意：在限制性股权 100%兑现完毕前，任一股

东出现下列之任一情形，公司有权回购其全部股权（包括已兑现的股权及未兑现的限制性股权）；如公司不予回购的，则其余股东有权按照各自工商登记的股权比例予以回购：

8.2.1.1 严重违反法律、法规或公司章程，造成公司的重大经济损失及声誉损害。

8.2.1.2 违反本协议第十四条"竞业禁止及限制和禁止劝诱"约定之任一情形。

8.2.1.3 实质违反与公司之间的任何协议，包括但不限于泄露公司商业秘密等保密信息，未履行或拒绝履行股东权利义务。

8.2.1.4 从事任何违法犯罪行为，受到刑事处罚。

8.2.2 回购价格

发生上述第 8.2.1 项之任一情形的，其全部股权（包括已兑现的股权及未兑现的限制性股权）的回购价格为其实际到位的资金（包括注册资本金）或公司届时的资产评估报告，或审计报告对象确定的股权价值（两者以最低者为准）。

8.3 回购程序

发生本协议约定的回购情形的，公司或其余股东有权向发生该等情形的股东发出书面通知，相关各方应在书面通知发生之日起十日内办理股权转让等相关必要的法律手续，并最终促成工商变更登记的妥善办理。

第九条 股权锁定、处分和变动

9.1 股权锁定

为保证创业项目的稳定，全体股东一致同意：公司在合格资本市场首次公开发行股票前或申请股票在全国性场外交易市场挂牌并公开转让前，任何一方未经其他股东一致同意的，不得向本协议外任何人以转让、赠予、质押、信托或其他任何方式，对其所持有的公司股权进行处置或在其上设置第三人权利。

9.2 股权转让

任一股东，在不退出公司的情况下，如需要对外转让已兑现的股权的，其余股东按所持股权比例享有优先受让权；如确实需要转让给第三方的，则该第三方应取得其余其他股东的一致认可，且对项目的所能给到的支持和贡献不能低于转让方。

9.3 股权离婚分割

9.3.1 创业项目存续期间，任一股东离婚，其已兑现的股权被认定为夫妻共同财产的，其配偶不能取得股东地位。已兑现的股权，交由公司指定的评估机构进行评估（评估费用由该股东承担），并由该股东对其配偶进行分配补偿，否则，其余全部或部分股东有权代为向其配偶进行补偿，并按补偿金额比例取得相应比例的股权。

9.3.2 如本协议第 9.3.1 项不能得以履行的，则参照本协议第 8.2 款约定处理。

9.4 股权继承

9.4.1 全体股东一致同意在本协议及公司章程约定：公司存续期间，如任一股东去世，则其继承人不能继承取得股东资格地位，仅继承股东财产权益；针对已兑现的股权遗产财产权益，交由公司指定的评估机构进行评估（评估费用由公司承担），其余全部或部分股东有权按评估价格受让，并按向该股东继承人支付的转让款金额比例取得相应比例的股权。

9.4.2 未兑现的股权，参照本协议第 8.1.1 项约定处理。

第十条 非投资人股东的引入

10.1 如因项目发展需要引入非投资人股东的，必须满足以下条件：

10.1.1 该股东专业技能与现有股东互补而不重叠；

10.1.2 该股东需经过全体股东一致认同；

10.1.3　所需出让的股权比例由全体股东一致决议。

10.1.4　该股东认可本协议条款约定。

第十一条　股东退出

创始股东，经其余股东一致同意后，方可退出，其已兑现的股权应按本协议第 8.1.2 项约定，全部转让给公司现有其余股东或其余股东一致认可的第三方。

第十二条　一致行动

12.1　在涉及如下决议事项时，全体股东应作出相同的表决决定：

12.1.1　公司发展规划、经营方案、投资计划。

12.1.2　公司财务预决算方案、盈亏分配和弥补方案。

12.1.3　修改公司章程，增加或减少公司注册资本，变更公司组织形式或主营业务。

12.1.4　制订、批准或实施任何股权激励计划。

12.1.5　董事会规模的扩大或缩小。

12.1.6　聘任或解聘公司财务负责人。

12.1.7　公司合并、分立、并购、重组、清算、解散、终止公司经营业务。

12.1.8　其余全体股东认为的重要事项。

12.2　如全体股东无法达成一致意见的，其余股东应做出与 CEO 一样的投票决定。

第十三条　全职工作

协议各方相互保证，自本协议签署之日起，全身心投入公司经营和管理事业，不再存有任何其他业务或工作关系。

第十四条　竞业禁止及限制和禁止劝诱

14.1　协议各方相互保证：在职期间及离职后＿年内，不得以自营、合作、投资、被雇佣、为他人经营等任何方式，从事与公司相同或类似，或有竞争关系的产品，或服务的行为，或持有任何权益。

14.2 协议各方相互保证：自离职之日起 2 年内，非经公司其他股东书面同意，其不会劝诱、聘用在本协议签署之日及以后受聘于公司的员工，并保证其关联方不会从事上述行为。

第十五条 项目终止、公司清算

15.1 如因政府、法律、政策等不可抗力因素导致本项目终止，协议各方互不承担法律责任。

15.2 经全体股东表决通过后可终止公司经营，协议各方互不承担法律责任。

15.3 本协议终止后：

15.3.1 由全体股东共同对公司进行清算，必要时可聘请中立方参与清算。

15.3.2 若清算后有剩余，全体股东须在公司清偿全部债务后，方可要求返还出资，按出资比例分配剩余财产。

15.3.3 若清算后有亏损，全体股东决议不破产的，协议各方以出资比例分担。

第十六条 效力

本协议是全体股东的真实意思表示，如与公司章程及修正案约定不一致的，在全体股东范围内以本协议约定为准。

第十七条 违约责任

全体股东违反或不履行本协议、公司章程约定的义务，须向守约方承担违约责任，并赔偿公司与守约方的一切经济损失。

第十八条 争议解决

如因本协议及本项目发生之争议，协商不成的，任一股东有权向本公司注册地所在法院提起诉讼。

第十九条 通知

协议各方一致确认：各自在本协议载明的地址、手机号码、电邮均为有效联系方式，向对方所发出的书面通知自发出之日起 7 天内视为送达，所发出的手机短信或电邮，自发出之时，视为送达。

第二十条 生效及其他

20.1 本协议经协议各方签署后生效。

20.2 本协议的任何条款或约定被法律认定为无效或因外部原因无法执行的，全体股东应通力配合，进行相应修订或变通，以实现条款或约定的本意。

20.3 本协议之签署，即取代各方在签署前就本协议所涉事项所达成的任何书面或口头的约定、协议、承诺。

20.4 未尽事宜，由协议各方另行协商，所达成的补充协议与本协议具有同等法律效力。

20.5 本协议一式四份，协议各方各持一份，公司成立后，报公司备案一份，每份具有同等法律效力。

甲方：　　　　　乙方：　　　　　丙方：

签署日期：20××年××月××日

2. 股份代持协议

代持股人：（以下简称甲方）
身份证号：　　　　联系电话：
实际投资人：（以下简称乙方）
身份证号：　　　　联系电话：

一、甲、乙双方本着平等互利的原则，经平等协商，就乙方委托甲方代为持股相关事宜达成如下协议，以兹共同遵照执行：

广东华股企业管理咨询有限公司（以下简称标的公司）由乙方实际投资方，但乙方不愿作为显名投资人进行工商登记，由甲方代为持股进行工商登记，为完成上述事项，经甲乙双方协商后达成如下协议：

标的公司简述：注册资本 500 万元

注册地址：东莞市南城街道白马社区黄金路 1 号东莞天安数码城 A1 栋 412

经营范围：

文化交流活动组织、大型庆典交流活动策划；商务会议服务；品牌策划推广；企业形象策划；企业营销策划；市场调研（不含涉外调查）；商务信息咨询、企业管理咨询（依法须经批准的项目，经相关部门批准后方可开展经营活动）。

二、乙方承诺：乙方的匿名投资行为，并不存在我国法律禁止的行为；其身份不存在有任何法律、法规禁止的身份障碍；其所投的资金同样不为法律、法规禁止。

三、标的公司的注册资本中的＿＿＿＿＿＿由乙方投入（持股比例＿＿＿＿＿＿%股份），甲方作为代持人出现于工商登记名册。

四、因甲方在标的公司内持股____%，其他方持股____%，故标的公司的实际经营活动届时三方协商后另行安排，但涉及乙方___%股权产生的利润由乙方分享。

五、标的公司在其经营期间产生的盈亏、债权、债务、由标的公司股东按各自实际投入承担（甲方____%、乙方____%、其他____%）；标的公司在经营期间产生的责任、权利、义务由标的公司股东按各自实际投入承担（甲方____%、乙方____%、其他____%）。

六、乙方的权利与义务

1. 乙方作为代持股份的实际拥有者，以代持股份为限，根据广东华股企业管理咨询有限公司章程规定享受股东权利，承担股东义务。

2. 在代持期间，获得因代持股份而产生的收益，产生的利润、现金分红等，由乙方按出资比例享有分红。

七、甲方的权利与义务

1. 在代持股期间，甲方作为代持股份形式上的拥有者，以甲方的名义在工商股东登记中具名登记。

2. 在代持股期间，甲方代乙方收取代持股份产生的收益，应当在收到该收益后5个工作日内，将其转交给乙方或打入乙方指定的账户。

3. 在代持股期间，甲方应保证所代持股份权属的完整性和安全性，甲方所持的股份在未经乙方书面同意前，不得对外转让，设定质押。赠与第三方，若有违反的赔偿乙方所有损失（包含间接损失）。

八、代持股份的转让

1. 在代持股期间，乙方需按照甲方的股东合作协议履行转股和退股约定，甲方在接到书面通知之后，应当依照通知的内容办理相关手续。

2. 若甲方为乙方代收股权转让款的，甲方应在收到受让方支付的股权转让款后5个工作日内将股权转让款转交给乙方。但甲方不对受让股东的履行能力承担任何责任，由此带来的风险由乙方承担。

3. 因代持股份转让而产生的所有费用由乙方承担。

4. 乙方在得到甲方书面同意的情况下，对外出让股权所得的收益均归乙方所有，甲方不享有。

5. 考核股东，乙方如连续半年未为公司贡献任何业绩，直接降原始股比例 20%，如连续一年未为公司贡献任何业绩，直接降原始股比例 30%，如连续一年半未为公司贡献任何业绩，甲方股东直接以一元回购乙方所有原始股份，乙方自行退出。

九、依照我国公司法之规定，涉及乙方_____%股权的股东所享有的权利，甲方均放弃。当需要行使股东权利时，在乙方的书面通知或指令下，由甲方出面行使，但必须在乙方书面通知或指令的范围之内行使。若有违反的，甲方将承担相关责任。同样我国公司法也规定股东应承担的义务甲方均不承担，由乙方实际承担。

十、保密协议

双方对本协议履行过程中所接触或获知的对方的任何商业信息均有保密义务，除非有明显的证据证明该等信息属于公知信息或者事先得到对方的书面授权。该保密义务在本协议终止后仍然继续有效。任何一方因违反保密义务而给对方造成损失的，均应当赔偿对方的相应损失。

十一、其他

1. 本协议自双方签署后生效。

2. 本协议一式两份，双方各执一份，均具有同等法律效力。

3. 本协议未尽事宜，可由双方以附件或签订补充协议的形式约定，附件或补充协议与本协议具有同等法律效力。

———————以下为签署页，无正文———————

甲方（盖手印）：　　　　乙方（盖手印）：

　　年　　月　　日　　　　　　年　　月　　日

3. 股权转让协议

受让方公司名称
股东名称

转让方公司名称
股东名称

股权转让协议

年　　月　　日

股权转让协议

本股权转让协议("本协议")于20××年×月×日由以下各方在中华人民共和国(以下简称"中国")深圳市签订:

(1)(转让方 甲)

住址:

身份证号码:

(2)(转让方 乙)

住址:

身份证号码:

(在本协议中,转让方甲、转让方乙分别及共同称为"各转让方"或"转让方")

(3)(受让方 甲)

住址:

身份证号码:

(4)(受让方 乙)

住址:

身份证号码:

(在本协议中,受让方甲、受让方乙分别及共同称为"各受让方"或"受让方")

(在本协议中,以上各方合称为"各方",单一方独称为"一方")

(5)××××公司(以下简称"标的公司")

注册地址:

法定代表人:

鉴于:

1.转让方公司名称是一家在注册成立并合法存续的有限责任公司（注册地址为，法定代表人，以下称"公司"），注册资本为人民币万元（RMB￥　0,000,000.00）。

2.各转让方为公司登记在册的股东＿＿＿＿＿＿＿，分别合法持有××%、××%的公司股权及相应之所有权利和利益（以下称"转让股权"）。

3.根据本协议的条款与条件，各转让方有意向各受让方转让、各受让方有意从各转让方受让各转让方合法持有的全部公司股权及相应之所有权利和利益（以下称"股权转让"）。

故此，各方经过友好平等协商达成如下协议，以资共同遵照履行。

第一条　出售与购买

1.1 根据本协议的条款并受限于本协议的条件，转让方 甲、转让方 乙同意向（受让方 甲）、（受让方 乙）转让股份，（受让方 甲）、（受让方 乙）亦同意购买转让方 甲、转让方 乙分别合法持有的公司＿＿＿%、＿＿＿%的股权。

本次股权转让前，标的公司股权结构如下：

股　　东	出　资　额	持股比例
转让方 甲		
转让方 乙		
其他股东		
合计		

1.2 本协议项下的股权转让完成后，各转让方将不持有任何公司股权，公司的股权结构为：

股　东	出　资　额	持股比例
受让方 甲		
受让方 乙		
其他股东		
合计		

1.3 转让股权包括该等股权所对应的所有权利和利益，且不得含有任何留置权、质权、其他担保物权、期权、请求权或其他任何性质的第三方权利（以下合称"权利负担"）。

第二条　价款及支付

2.1 各方同意，作为基于本协议的条款受让转让股权的对价，受限于第 2.2 条的规定，各受让方应向各转让方支付的股权转让价款共计为人民币×××万元（RMB__0,000,000）（以下称"**转让价款**"）。

各受让方同意根据附件二公司资产负债表和损益表的数据，豁免各转让方借款人民币×××万元（RMB__0,000,000.00）。

各方确认，转让价款是各受让方获得全部转让股权以及相应之所有权利和利益的全部对价。

2.2 各方同意，转让价款应当按照以下方式分三期进行支付：

（1）各受让方自合同签订日起的两个工作日内将第一期付款共计为人民币___万元整（RMB__00,000.00）汇入各转让方指定的银行账户。

（2）在转让方完成工商变更（不包括税务变更）后的两个工作日内，各受让方将向转让方支付第二笔转让款：即人民币___万元整（RMB__00,000.00）汇入各转让方指定的银行账户。

（3）在工商变更（不包含税务变更）后的 60 天内，各受让方将向转让方支付第三笔转让款：即人民币___万元整（RMB__0,000.00）。

（4）各受让方有权从以上第 2.2（3）条所列的付款中扣除相应款项，以作为各转让方承担因本协议下所作出的陈述与保证不真实、不准确、不完整或具有误导性，或其违反本协议下所作的承诺，或本协议的条款，或因其违反相关政府主管部门的规章、政策或协议而使公司或各受让方遭受罚款、处罚、中止或终止营业等不利后果而实际产生的赔偿责任，包括但不限于：

因公司于登记日前未依法及时充分地缴纳公司各项税款，或为其员工代扣代缴个人所得税或缴纳任何法定社会保险金与社会福利金而产生的任何补缴税款、滞纳金、罚款、其他费用以及任何处罚，实际数额由相关政府主管部门以及有管辖权的法院与仲裁机构确定。

如第三期付款不足以弥补各转让方应承担的赔偿责任，各受让方有权就不足的部分要求各转让方做出赔偿。

就本第 2.2（4）条下的扣款，受让方应向转让方提供书面的依据以及扣除款项的计算方法（以下称"**扣款依据**"）。如自受让方交付扣款依据之日起三个工作日之内转让方未书面提出合理异议，则视为转让方同意扣款依据并同意受让方按扣款依据从第三期付款中扣除相应款项。

特别地，如在登记日后，由于各受让方在公司经营上的过错而导致公司遭受任何政府罚款、处罚或其他不利后果，均由各受让方或公司自行承担，与转让方无关，该等损失也不得作为扣款依据。

（5）为本第 2.2 条之目的，各转让方应于登记日前尽快将其用于接收转让价款的银行账户书面告知各受让方，且各转让方应在收到每一期付款后的三个工作日内，向各受让方出具相应的收据。

第三条 转让方的陈述与保证

各转让方特此向各受让方分别及连带地就直至登记日前公司和其他方情况做出以下陈述与保证，并确认该等陈述与保证均为真实、准确、无遗漏和无误导，并且任何不符合该等陈述与保证的事实均在双方约定的附件披露表中被充分披露。各转让方兹此确认各受让方签署本协议是建立在信任以下陈述与保证的基础之上的。在以下的陈述与保证中，"公司"亦包括其任何子公司、分公司、办事处或分支机构（如有）。

3.1 一般事项

3.1.1 各转让方具有完全、独立的法律地位和法律能力签署、交付并履行本协议及其他所有与本协议所述交易有关的文件，各转让方可以独立地作为一方诉讼主体。

3.1.2 各转让方拥有签订和交付本协议及其他所有与本协议所述交易有关的、其将签署的文件的完全权力和授权，包括但不限于各转让方放弃对转让股权的优先购买权的书面陈述和公司股东会同意本协议下股权转让以及本协议的股东会决议。各转让方拥有完成本协议所述交易的完全权力和授权。

3.1.3 除了在本协议签署之日尚需获得信息产业部就本次股权转让的批准以外，各转让方签订、交付和履行本协议已经获得了任何必需的政府部门的批准与许可。各转让方确认就其所知不存在会导致信息产业部不批准本次股权转让的事由。

3.1.4 本协议由各转让方合法、适当地签署并交付。本协议以及与本协议所述交易有关的、将由各转让方签署的所有相关文件构成对各转让方的合法的、具有约束力的义务，并可根据其条款对各转让方强制执行。

3.1.5 就各转让方最大限度所知，在本协议签订时，其未涉入任何可能对其完成本协议下交易及履行其在本协议项下义务造成重大不利影响的法律诉讼、仲裁或其他事件或状态。

3.1.6 各转让方签署本协议及其他所有与本协议所述交易有关的文件并履行该等协议项下的义务，不会：

（1）违反任何有关法律、法规、政府规章以及对各转让方或公司或其资产有约束力的政府命令或法院判决与裁决。

（2）违反以各转让方或公司为一方或者对各转让方或公司的资产有约束力的合同、协议或文件下的条款。

（3）赋予以各转让方或公司为一方或者对各转让方或公司的资产有约束力的合同、协议或文件下的其他方终止、中止、修改该等合同、协议或文件的权利。

（4）导致公司股权上产生任何权利负担。

（5）违反公司的章程或其他任何组织性文件。

3.2 对转让股权的所有权

3.2.1 各转让方是转让股权的法律上的和实益上的所有人。转让股权构成公司全部的股权。各转让方有权依据本协议将全部转让股权转让给各受让方，该等股权转让不需要任何第三方的同意。

3.2.2 就转让股权或其任何部分而言，不存在任何权利负担，也不存在设立或做出权利负担的任何协议、安排或义务。本协议下的股权转让完成之后，各受让方将获得对转让股权的完整的、不存在任何权利负担的所有权。

3.2.3 除了本协议以外，不存在任何关于转让任何转让股权或转让股权所对应的任何权利和利益的协议、期权或其他安排。

3.3 公司

3.3.1 公司是一家根据中国法律合法成立并有效存续的有限责任公

司，其有权利、权力和授权持有、租赁及运营其财产并从事其在本协议签署之日正在从事与计划将从事的业务。

3.3.2 公司未违反中国法律，或在正常经营过程之外，或以非公平或非正常的形式提供过任何贷款或任何担保，包括但不限于股东贷款以及为其股东的债务提供担保。

3.3.3 公司持有所有必需的证书、批准、许可和授权以开展其正在从事与计划从事的业务，且该等证书、批准、许可和授权至登记日为止均是充分有效的，公司已办理完毕所有该等证书、批准、许可和授权的年检以及更新程序。特别地，公司持有由政府部门颁发的相关证书以及运营许可（以下称"**政府许可**"），该等政府许可至登记日为止都是充分有效的。

除了已经向受让方披露的以外，各转让方保证就其所知不存在会导致该等证书、批准、许可或授权被撤销、被终止、不被更新或不能通过年检的事由。公司完全遵守其持有的该等证书、批准、许可或授权的条款与条件，包括但不限于维持政府许可有效性的最低注册资本限额与维持政府许可的条件。

3.3.4 除了已经向受让方披露的以外，公司并无任何其他子公司、分公司、办事处或者分支机构；除了已经向受让方披露的以外，公司无直接或者间接地控制、参股任何其他实体或于任何其他实体中持有权益。

3.3.5 除了已经向受让方披露的以外，并无其他任何间接持有公司股权或控制公司的权益所有人。

3.3.6 除了已经向受让方披露的以外，公司已经根据相关法律要求适当完成了公司运营所必需的相关政府部门的登记、备案等程序，包括但不限于在国务院主管部委以及各地行业主管部门、工商登记部门、税务等部门的登记或备案，特别包括任何主营业地区经营业务而所需进行的备案。

3.4 会计与财务

公司依照法律法规以及中国公认会计准则的要求记账、分配会计科目、保留凭证和账册、开具至和收取发票。

关于各转让方所提供的截止　　年　月　日公司的未经审计的资产负债表与损益表以及其他相关的会计报表与其他相关的会计报表（以下合称"会计报表"）。

交割日之前公司所有债务由转让方承担。

3.5 信息披露

3.5.1 各转让方在本协议签署之前和之后向各受让方提供的所有文件、资料和信息均是真实、准确、无遗漏和无误导的。

（1）依据第 3.4 条提供的会计报表以及其他会计财务资料，双方同意，转让方提供的财务报表仅供收购参考。

（2）相关附件中提供的公司有形资产和无形资产的明细，双方同意，有形和无形资产以双方约定的附件为准。

3.5.2 不存在各转让方未向各受让方披露的任何对公司及其业务有或可能有不利影响的事实。

3.6 无未披露债务

各转让方向各受让方已披露的公司的债务情况均是真实、准确、无遗漏和无误导的。除已披露的以外，公司不存在其他任何债务，包括但不限于在任何合同、协议或其他法律文件下的应付款项。

3.7 遵守法律

公司根据所有对其适用的中国法律、政府命令以及电信运营商的政策开展业务，公司未曾违背或违反任何该等中国法律、政府命令以及电信运营商的政策。公司在各方面始终根据公司章程和营业执照中规定的经营范围经营业务。

3.8 诉讼

不存在可能对公司带来重大不利影响，或者消极影响本协议的订立、效力与可执行性以及本协议下股权转让的下列情形，无论是已经完成的、未决的或是可能发生的：

（1）电信运营商对公司或者各转让方的制裁或限制。

（2）政府部门对公司或者各转让方的处罚、禁令或指令。

（3）针对公司或各转让方的民事、刑事、行政诉讼、仲裁等其他程序或争议。

3.9 合同

3.9.1 各转让方已经向各受让方提供了自公司成立以来的所有公司为一方的或与公司业务相关的合同、协议与其他法律文件。

3.9.2 公司不是任一合同、协议或其他文件的一方，或受任一合同、协议或其他文件的约束，如该等合同、协议或其他文件：

（1）不是在公司正常的经营过程中形成的。

（2）不是完全基于公平原则形成的。

（3）致使公司亏损或者损害公司利益的。

（4）投入适当的精力与支出仍然无法完成的。

（5）限制公司从事经营的自由的。

3.9.3 不存在公司违反以公司为一方或者对公司有约束力的合同、协议或文件下的条款或义务的情形。

3.10 知识产权

各转让方已于本协议双方约定的附件中向各受让方充分披露了所有公司拥有所有权的知识产权以及被授权或被许可的知识产权，且公司正在开展的业务未侵犯任何第三方的知识产权。

3.11 资产

3.11.1 公司对所有其自有资产具有完整、充分、不存在任何权利负担的所有权。公司对其租赁的所有资产具有有效持续、良好、不受干扰或限制的使用权。

3.11.2 该等公司拥有所有权或使用权的资产构成使公司能在正常的业务经营过程中全面和有效地开展业务所必需的所有资产。

3.12 员工

除各转让方已向各受让方披露的以外：

（1）公司雇用员工遵守对其适用的相关劳动法律法规。

（2）公司与其现有员工或者其以往聘用的员工之间不存在任何现存的劳动争议或纠纷，亦不存在任何潜在的劳动争议或者纠纷。

3.13 关联交易

3.13.1 就各转让方、公司的任何现任的或已退任的高级管理人员、公司的任何现任董事或已退任的董事、或者与上述人员有直接或间接的利益关系的个人或组织（以下合称"关联方"），其与公司之间不存在任何实际或有债务或任何担保关系。

3.13.2 各关联方与公司之间不存在任何仍有效的对公司具有约束力的任何合同、协议或其他文件。

3.14 税务

3.14.1 除各转让方已向各受让方披露的以外，公司依照法律以及税务机关的要求充分、及时和足额履行申报税款、缴纳税款以及代扣代缴税款的义务，包括但不限于个人和企业所得税、营业税和增值税，且并不存在任何延迟或扣减支付税款的行为或责任。

第四条 受让方的陈述与保证

4.1 各受让方的法律地位与能力

各受让方具有完全、独立的法律地位和法律能力签署、交付并履行本协议，可以独立地作为一方诉讼主体。各受让方签署本协议并履行本协议项下义务不会违反任何有关法律、法规以及政府命令，亦不会与以其为一方或者对其资产有约束力的合同或者协议产生冲突。

4.2 转让价款的合法性

各受让方保证其依据本协议向各转让方支付的转让价款来源合法，并且其有足够的能力依据本协议的条款与条件向各转让方支付转让价款。

第五条 登记前的安排

5.1 各转让方作为登记日前公司的股东，在本协议签署之日起至登记日的期间内不得做出或允许公司做出任何可能对转让股权或公司有不利影响的行为，包括但不限于放弃公司任何重大权利或利益，或使公司承担任何重大责任或义务。除非经各受让方事先书面同意，转让方应尽其所能促使公司的管理层在本协议签署之日起至登记日的期间内：

（1）以正常及惯例的方式开展业务，维持良好运营。

（2）不签订或承诺签订标的金额高于人民币壹拾万元（￥100,000）的任何协议。

（3）在以正常及惯例的方式开展业务的范围之外不签订或承诺签订任何协议。

（4）不处分或承诺处分公司任何重要资产。

（5）不购买或承诺购买任何其他公司的任何股权、股份或其他权益及其他任何组织中的权益。

（6）不举借任何贷款或承担任何其他债务。

（7）除正常及惯例业务所需的款项外，不支付（或同意支付）任何其他非必要的款项。

（8）不宣布分配、不支付或准备支付股息或任何其他利润分配。

（9）采取所有合理行动维持及保护其自有的或拥有使用权的资产（包括但不限于任何知识产权）。

（10）不修改任何公司的会计准则或政策。

（11）不修改公司章程。

（12）不为任何第三方提供担保。

（13）不在任何转让股权上设定任何权利负担。

（14）尽快披露任何转让方获悉的任何可能违反本协议下的任何陈述、保证与承诺的事实。

5.2 在不违反第 5.1 条规定的前提下，转让方作为登记日前公司的股东，在本协议签署之日起至登记日的期间内，应尽其所能促使公司的管理层确保在本协议签署之后：

（1）公司与各受让方就公司运营事项进行全面交接合作。

（2）各受让方的授权代表可充分参与公司日常的管理和运营过程，且对于对公司业务有重大影响的事项，公司管理层或相关人员应征询该等授权代表的意见。

（3）为了以上第（2）项所述之目的，应各受让方或其授权代表的要求，公司应向其提供公司的文件、资料以及人员。

第六条　先决条件

6.1 转让方义务的先决条件

各转让方完成本协议下的股权转让的义务以以下各项条件得到满足

或被各转让方书面放弃为前提：各受让方在本协议下做出的陈述、保证与承诺截至登记都是真实、完整和准确的，如同该等陈述、保证与承诺是在登记所作出的同样有效。

6.2 受让方义务的先决条件

各受让方完成本协议下的股权转让的义务以以下各项条件得到满足或被各受让方书面放弃为前提：

6.2.1 陈述、保证与承诺

各转让方在本协议下作出的陈述、保证与承诺截至登记日都是真实、完整和准确的，如同该等陈述、保证与承诺是在登记日所作出的同样有效。

6.2.2 尽职调查

各转让方应已按照各受让方在对公司进行尽职调查时可能提出的合理要求，向各受让方提供了全力支持和协助，包括但不限于向由各受让方委派的律师、会计师与其他代表充分提供公司的所有账目、记录、合同、技术资料、人员资料、管理情况以及其他文件。上述尽职调查应包括但不限于对公司运作、法律、财务、技术与人事方面所进行的尽职调查。该等尽职调查的结果令各受让方感到满意。

6.2.3 股东会决议

各受让方已收到了各转让方依据法律规定以及公司届时有效的章程做出的有效的股东会决议，其中各转让方一致同意本协议下的股权转让且各转让方书面明确放弃各自对转让股权的任何部分的优先购买权。

6.2.4 执行董事、总经理与监事辞职

各受让方已收到于登记日生效的公司现任执行董事、总经理与监事的书面辞呈。

6.2.5 法定代表人辞职

各受让方已收到于登记日生效的公司法定代表人的书面辞呈。

6.2.6 无重大不利影响

未发生或者可能发生任何受让方认为对公司产生重大不利影响的事件。

6.2.7 无重大变动

除了书面向各受让方披露并获得各受让方的同意以外，公司的业务截至登记日未发生任何受让方认为属于实质性的变化。

6.2.8 登记前安排的完成

各转让方以令各受让方满意的方式完成了第 5 条下的承诺。

第七条　工商登记；付款交割

7.1 在根据各受让方判断本协议第 6 条下所有先决条件均得到满足或被放弃的情况下，受让方将书面通知转让方股权转让交易可以进行（"**确认通知**"）。自确认通知发出之时，本协议下的股权转让交易即被认为确定、不附条件（除工商登记外）和不可逆转的，而本协议以及股权转让即可被递交至工商部门就进行变更登记（"**登记**"）。但该等确认通知并不解除各转让方对其在本协议下所做出的承诺、保证与声明的责任。双方应尽其最大努力在 202__ 年___月___日之前向工商部门递交变更登记的申请。

7.2 一方收到各受让方确认通知，各转让方应立即采取行动确保公司立即就本次股权转让向工商部门进行变更登记。在各方收到工商部门出具的受理变更登记的确认书之日（"交割日"），各方就股权转让进行交割。股权转让在工商部门完成登记且工商部门颁发公司新的营业执照之日为股权转让的"登记日"。

7.3 转方按照双方约定的附件交割清单，在交割日将清单内容交接给受让方并保证所交付内容真实有效，同时对于之前签定的未到期合同作出受让方认可的妥善处理后，则视为交割完成。

第八条 其他约定

8.1 均应进一步签署为本协议的充分实施以及本协议下的股权转让的完成而可能需要签署的文件，并进一步作出为本协议的充分实施以及本协议下的股权转让的完成而可能需要各方做出的行为。

8.2 转让方就其在本协议下向各受让方所作的陈述、保证和承诺彼此承担连带责任，包括但不限于所有在登记日前发生的以及虽在登记日后发生，但应全部或部分归因于登记日之前之情势的事件。

8.3 协议签署日至登记日前，各受让方与公司将对公司在登记日前的全部员工进行审查和评估，并根据公司届时的业务情况和员工的工作能力决定是否留用有关员工。如各受让方决定留用有关员工的，则公司将继续履行与该员工的劳动合同或经双向选择与之签订新的劳动合同，各转让方应向公司提供一切协助；如公司决定不留用有关员工的，则公司将终止与该等员工的劳动合同，各转让方应负责并确保该等员工与公司解除劳动关系并书面放弃对公司任何的权利主张与索赔要求。因此，对公司或各受让方产生的损失，应当由各转让方向公司承担连带赔偿责任。

8.4 登记日仍有效的、公司为一方的或对公司与其资产有约束力的合同、协议，各方应协商处理。

8.5 本协议约定的交割之日起，××公司所有债权、债务归新股东承担；本协议约定的交割之日之前××公司所有债权、债务归原股东承担。

8.6 转让方有权将交割日之前所有实际发生的"营业利润"全数提取。"营业利润"的定义为：现金—未缴付个人所得税—未缴付员工福利金、社保金。对于交割日之前发生的公司的未到账收入属于转让方股东所有，由受让方收到款后的三个工作日内转给转让方指定账号。对于交割日所在当月份的收入，依据有效统计，交割日以及交割日之前发生的当月收入，属于转让方原股东所有。交割日以后发生的当月收入归属受让方。

8.7 附件四交接清单中的未到期合同，转让方将根据备注说明，协助受让方处理。

第九条 违约责任

9.1 本协议对各方均有约束力和可执行性，如任何一方未充分履行其在本协议下的义务或者任何一方在本协议下所作的陈述、保证与承诺是不真实的或者有重大遗漏或误导，该方应被视为违约。

9.2 若转让方违约，受让方有权采取如下一种或者多种救济措施以维护其权利。

（1）暂时停止履行其在本协议项下的义务，待相关违约情势消除后恢复履行，受让方根据此款规定暂停履行义务不构成受让方不履行或者迟延履行义务。

（2）如转让方的违约行为造成了本协议下的交易无法继续进行，则受让方有权向转让方发出书面通知单方解除本协议，解除通知自发出之日起生效。

（3）要求转让方实际履行。

（4）若转让方在自违约发生起的十五个工作日内或在受让方要求的其他补救期间内未能弥补违约，或其弥补措施毫无效果致使受让方仍遭受不利影响，受让方有权中止或终止本协议。

（5）要求转让方赔偿受让方因转让方违约遭受的一切经济损失。

（6）按照第 2.2 条的约定于第二期付款中扣除相应款项。

9.3 各转让方对其在本协议下的各项义务与责任承担连带责任。

9.4 在各转让方未违约的前提下，如各受让方未按照本协议的规定在约定期限内向各转让方履行支付第三期付款的，则就任何未按照本协议规定按期支付的部分，每延期支付一天，各受让方应向各转让方支付相当于该等未支付部分 5‰ 的罚金。

第十条　生效与终止

10.1 本协议自经各方或其授权代表全部正式签署并向各方有效送达之日起生效。

10.2 各方同意，本协议自以下任何情形之一发生之日起终止：

（1）各方协商一致以书面形式终止本协议。

（2）本协议经各方履行完毕。

（3）受让方根据第 9.2 条终止本协议。

（4）依据有关法律、法规和本协议的其他规定而终止本协议的其他情形。

10.3 尽管有本协议其他规定，本协议第九条、第十条与第十一条的效力不受本协议中止或者终止的影响。

第十一条　其他事项

11.1 费用和税收

各方应支付与本协议下股权转让的谈判有关的，以及与本协议的准备、签署和实施有关的其各自的开支、成本和费用，包括但不限于聘用律师费、聘用会计师费以及聘用顾问费。各方应负责支付因本协议下股权转让而可能应由其支付的任何税项。

11.2 通知

11.2.1 本协议要求的或根据本协议做出的任何通知、请求、要求和其他通信往来应以书面形式按照以下信息送达相关方：

转让方 甲：
　地址：
　电话：
　传真：

转让方 乙：
　地址：
　电话：
　传真：

受让方 甲：
　地址：
　电话：
　传真：

受让方 乙：
　地址：
　电话：
　传真：

11.2.2 本协议要求的或根据本协议做出的任何通知、要求和其他通信往来若以挂号信函方式发出，在投邮五（5）天后视为送达；若以特快专递方式发出，在投邮后 48 小时视为送达；若以传真方式发出，送达日以发件方完整的传真报告为准；若以电子邮件发送，则一经发出即视为送达；若当面递交，一经面交即视为送达。

11.3 保密义务

除非法律或有管辖权的法院要求或者本协议各方同意，本协议任一方不得向本协议各方以外的任何第三方披露本协议任何内容、与本协议有关的信息以及各自从其他方获得的任何文件、资料、信息，以及公司的任何文件、资料、信息、技术秘密或者商业秘密；但本协议各方在以下范围内进行披露不违反本协议项下的保密义务：

（1）经本协议各方共同同意的披露；

（2）在必要的范围内向各自的律师、会计师进行的披露；

（3）在必要的范围内并经相关方同意，为本协议下的股权转让之目的所进行的披露；

（4）上述许可的披露不得超过必要的限度，并且，披露方必须采取措施促使接受上述文件、资料和信息的第三方遵守本条的约定；

（5）本协议任何一方按本条披露信息不得损害其他方的利益。

本第 11.3 条下的保密义务在本协议被解除或终止后仍对本协议各方具有约束力。

11.4 不可抗力

11.4.1 "不可抗力"指各方无法控制也不可预见的、如可以预见其发生亦不可避免且其结果不可克服的，并且阻碍一方履行本协议的任何事件，包括但不限于地震、台风、洪水、火灾、战争、暴风雨以及法律与政策的变化。

11.4.2 如果一方因不可抗力事件无法履行其义务，该方应在受不可抗力事件影响的范围内免除其义务的履行。遭遇不可抗力事件的一方应立即通知其他方并应尽一切合理努力，减轻不可抗力事件的影响。

11.5 法律适用及争议解决

11.5.1 本协议的订立、效力、解释及履行均适用中华人民共和国法律。

11.5.2 由本协议产生或与本协议相关的任何争议应由各方以友好协商方式解决。如果在争议发生后的十五天内无法以友好协商的方式解决该等争议，则任何一方均有权将其提交按其届时有效的仲裁规则进行仲裁。仲裁对各方均有约束力。

11.6 修订及变更

各方可共同签署书面文件对本协议进行修订、变更或补充。

11.7 独立性

本协议任何条款的无效或不可执行不影响本协议其他任何条款的有效性或可执行性，该等其他条款应仍然完全有效。各方应当尽最大努力，就该等无效或不可执行的条款按其原先希望达到的意图另行达成约定。

11.8 转让

除非事先获得其他各方的书面同意，任何一方不得将其于本协议下的权利或义务向第三方进行转让。

11.9 文本

本协议正本一式五份，各方各执一份。为了本协议下股权转让登记之目的或者依照各方约定，可相应增加签署的正本份数。每一份文本均视为正本，各文本构成同一份相同之文件。

[签署页]

兹此为证，本协议各方已于本协议首页所载之日期签署本《股权转让协议》。

各受让方：

签署：_____

签署：_____

受让方公司名称

授权代表签字：

盖章：

各转让方：

签署：_____

签署：_____

附件一、二、三、四（略）。

第三节 竞业禁止协议与公司章程

1. 竞业禁止协议

竞业禁止协议

甲方（用人单位）：×××

法定代表人或主要负责人：×××

单位地址：×××

乙方（劳动者）：×××

身份证号码：×××

住址：×××

鉴于乙方在甲方工作期间能够接触、掌握甲方及其关联公司的商业秘密，经双方友好协商，就竞业禁止事宜，达成如下协议：

第一条 乙方任职期间的竞业禁止行为

未经甲方同意，乙方在任职期间不得从事以下行为：

1.1 自己开业生产或经营与甲方生产或经营产品同类的产品。

1.2 自营与甲方同类的业务。

1.3 为他人经营与甲方生产或经营同类的产品。

1.4 为他人经营与甲方同类的业务。

第二条 乙方离职后的竞业禁止义务

2.1 乙方离职后，应按照甲方要求移交涉及商业秘密的所有文件、记录、信息、资料、器具、数据、笔记、报告、计划、目录、来往信函、说明、图样、蓝图及纲要（包括但不限于上述内容之任何形式之复制品），并办妥有关手续，乙方保证不得以任何方式泄露甲方商业秘密，并不得利用商业秘密谋取利益。

2.2 双方终止或者解除劳动关系后×××年内不得自营或者为他人经营与公司有竞争的业务。

2.3 乙方离职后半年内，不能直接地或间接地通过任何手段为自己、他人或任何实体的利益或与他人或实体联合，以拉拢、引诱、招用或鼓动之手段使甲方其他成员离职，但不限于企业员工已主动提出离职的情况。

2.4 乙方离开公司后即承担竞业限制义务，甲方应按竞业禁止期限向乙方支付×××元的竞业禁止补偿费。补偿费从离职次月开始按月支付，由甲方于每月的 20 日通过银行支付至乙方。

2.5 竞业禁止期满，甲方即停止补偿费的支付。

第三条 违约责任

3.1 乙方不履行规定义务的，应当承担违约责任，应一次性向甲方支付违约金×××元。同时，乙方的违约行为给甲方造成损失的，乙方应当赔偿甲方的损失，并且乙方所获得的收益应当全部归还甲方。

3.2 甲方不履行规定义务的，应当承担相应的法律责任。

第四条 争议的解决

因履行本协议发生的劳动争议，双方应以协商为主，协商未果的，任何一方可以提请公司注册地的劳动争议仲裁委员会申请仲裁。

第五条 其他

5.1 本协议提及的技术秘密，包括但不限于：技术方案、工程设计、产品设计、制造方法、产品材料构成、工艺流程、技术指标、计算机软件、数据库、研究开发记录、技术报告、检测报告、实验数据、试验结果、图纸、样品、样机、模型、模具、操作手册、技术文档、相关的函电等。

5.2 本协议提及的商业秘密，包括但不限于：客户名单、行销计划、采购资料、定价政策、财务资料、进货渠道等。

5.3 本协议未尽事宜，或与今后国家有关规定相悖的，按有关规定执行。

5.4 本协议一式两份，甲、乙双方各持一份，具有同等法律效力。

甲方：　　　　　　　　　　　　　　　乙方（员工）（签字）：

年　月　日　　　　　　　　　　　　　年　月　日

第七章
落地方案——落地股权激励方案及相关协议讲解

2. 有限公司章程范本

××××有限责任公司章程示范文本

【律师按】

作为公司组织和活动的根本准则，公司章程既是一种重要的权利约束机制，也是一种重要的权利授予和救济机制。公司章程能否发挥作用以及发挥作用的程度，对公司的规范运作具有重大意义。《中华人民共和国公司法》对公司组织和行为仅作出原则性规定，公司规范运作模式的形成以及对公司、股东、债权人合法权益的有效保障，均有赖于一个比较完备而又具有可操作性的公司章程。

然而，实践中，公司章程往往是使用工商部门提供的填空式的标准文本，其内容千篇一律，导致公司内部的制度结构"千人一面"，公司章程几乎发挥不了作用。因此，公司如欲规范运作，首当其冲的问题就是检视现行公司章程内容，予以增、删、修订，将公司章程全面升级，以期更有效地保护公司、股东、债权人的合法权益。

使用说明：

1. 本示范文本是依据 2013 年 12 月 28 日修正的《中华人民共和国公司法》及律师的执业经验，针对公司章程的常规事项进行起草。

2. 本示范文本仅适用于法律、行政法规未作特别规定的、非国有独资公司的有限责任公司，按照其常见组织机构（设董事会，不设监事会）进行规定，如公司的组织机构设置其他形式，应相应修改。

3. 本示范文本除了规定了公司章程的必备事项，还将公司法的部分重要规定列入其中，便于公司股东、董事、监事、高级管理人员全面了解其权利义务，而无须另行查阅《中华人民共和国公司法》。

4. 最终成稿后，应当删除红色或者斜体字体内容。

××××有限公司
章程

依据《中华人民共和国公司法》(以下简称《中华人民共和国公司法》)及其他有关法律、行政法规的规定,由____、____和____(注:有限责任公司的股东必须为50人以下)共同出资设立_____有限公司(以下简称"公司"),经全体股东讨论,并共同制定本章程。

第一章 公司的名称和住所

第一条 公司名称:_____公司。

第二条 公司住所:_____。

第二章 公司经营范围

第三条 公司经营范围:_____。

公司经营范围中属于法律、行政法规或者国务院决定规定在登记前须经批准的项目的,应当在申请登记前报经国家有关部门批准。

第三章 公司注册资本

第四条 公司注册资本:人民币____元。

(注:注册资本为全体股东认缴的出资额。2013年12月28日修正后的《中华人民共和国公司法》取消对有限责任公司最低注册资本3万元、一人有限责任公司最低注册资本10万元的限制,因此,注册资本最低可以为"1元"。)

第四章 股东的姓名或者名称、出资方式、出资额和出资时间

第五条 股东的姓名或者名称、出资方式、出资额和出资时间如下:

股东的姓名或者名称	出资方式	出资额	出资时间

（注：2013年12月28日修正后的公司法取消对有限责任公司股东的首次出资比例和最长缴足期限的限制，也取消对货币出资的比例限制。因此，股权可以全部用非货币方式出资，出资期限可以为100年甚至更久。但是，在公司解散或者破产的情况下，股东认缴的出资仍需要实缴，不受出资期限的限制，故认缴的出资额不可任性。此外，自2014年3月1日起，股东缴纳出资后，不再要求必须经依法设立的验资机构验资并出具证明，公司登记机关也不再要求提供验资证明，不再登记公司股东的实缴出资情况，公司营业执照不再记载"实收资本"事项。）

第六条 公司成立后，应向股东签发出资证明书并置备股东名册。

第五章 公司的机构及其产生办法、职权、议事规则

第七条 公司股东会由全体股东组成，是公司的权力机构，行使下列职权：

（一）决定公司的经营方针和投资计划。

（二）选举和更换非由职工代表担任的董事、监事，决定有关董事、监事的报酬事项。

（三）审议批准董事会的报告。

（四）审议批准公司监事的报告。

（五）审议批准公司的年度财务预算方案、决算方案。

（六）审议批准公司的利润分配方案和弥补亏损方案。

（七）对公司增加或者减少注册资本作出决议。

（八）对发行公司债券作出决议。

（九）对公司合并、分立、解散、清算或者变更公司形式作出决议。

（十）修改公司章程。

（十一）_____。（注：可以约定其他职权，如无，应删除本项）

对前款所列事项股东以书面形式一致表示同意的，可以不召开股东会会议，直接作出决定，并由全体股东在决定文件上签名、盖章。

第八条　首次股东会会议由出资最多的股东召集和主持，依照公司法规定行使职权。

第九条　股东会会议分为定期会议和临时会议。

定期会议每年召开一次。（注：可另行约定不同召开时间，如每季度/半年召开一次）代表十分之一以上表决权的股东，三分之一以上的董事，监事提议召开临时会议的，应当召开临时会议。

召开股东会会议，应当于会议召开十五日（注：可另行约定不同期限，如五日）以前通知全体股东。但是，全体股东另有约定的除外。

第十条　股东会会议由董事会召集，董事长主持；董事长不能履行职务或者不履行职务的，由副董事长主持；副董事长不能履行职务或者不履行职务的，由半数以上董事共同推举一名董事主持。

董事会不能履行或者不履行召集股东会会议职责的，由监事召集和主持；监事不召集和主持的，代表十分之一以上表决权的股东可以自行召集和主持。

第十一条　股东会应当对所议事项的决定作出会议记录，出席会议的股东应当在会议记录上签名。

股东会会议由股东按照认缴的出资比例行使表决权。（注：可以另行约定，如实缴的出资比例，或者其他任何比例，如由甲、乙、丙、丁按照50%：20%：20%：10%的比例）。

股东会会议作出修改公司章程、增加或者减少注册资本的决议，以及公司合并、分立、解散或者变更公司形式的决议，必须经代表三分之二以上表决权的股东通过（注：可以另行约定，不得低于但可以高于此标准，如经全体股东一致同意或者附加某股东有一票否决权等）。

股东会会议作出除前款以外事项的决议，须经代表全体股东过半数表决权的股东通过（注：可以另行约定，如经代表三分之二以上表决权的股东通过，经全体股东一致同意或者附加某股东有一票否决权等）。

（注：**本条是公司章程最重要的条款，可直接决定公司的控制权，应特别慎重**）

第十二条 股东不能出席股东会会议的，可以书面委托他人参加，由受托人依法行使委托书中载明的代理权限。

第十三条 公司向其他企业投资或者为他人提供担保，由股东会（注：也可以约定为董事会）作出决定（此处还可以补充约定对投资或者担保的总额及单项投资或者担保的数额的限制）。

公司为公司股东或者实际控制人提供担保的，必须经股东会决议。股东或者受前款规定的实际控制人支配的股东，不得参加前款规定事项的表决。该项表决由出席会议的其他股东所持表决权的过半数通过。

第十四条 公司设董事会，其成员为三人（注：公司法规定董事会成员为3~13人，可自行确定具体人数），任期每届为3年（注：可另行约定，不超过3年）。董事任期届满，连选可以连任。

董事任期届满未及时改选，或者董事在任期内辞职导致董事会成员低于法定人数的，在改选出的董事就任前，原董事仍应当依照法律、行政法规和公司章程的规定，履行董事职务。

董事会设董事长一人，董事长由董事会选举（注：可另行约定，如股东会选举、特定股东委派）。

（注：根据公司法的规定，股东人数较少或者规模较小的有限责任公司，可以设一名执行董事，不设董事会。但是，本章程中涉及董事会的相关条款均需要予以调整）

第十五条 董事会对股东会负责，行使下列职权：

（一）召集股东会会议，并向股东会报告工作。

（二）执行股东会的决议。

（三）决定公司的经营计划和投资方案。

（四）制定公司的年度财务预算方案、决算方案。

（五）制定公司的利润分配方案和弥补亏损方案。

（六）制定公司增加或者减少注册资本以及发行公司债券的方案。

（七）制定公司合并、分立、解散或者变更公司形式的方案。

（八）决定公司内部管理机构的设置。

（九）决定聘任或者解聘公司经理及其报酬事项，并根据经理的提名决定聘任或者解聘副经理、财务负责人及其报酬事项。

（十）制定公司的基本管理制度。

（十一）_____（注：可以约定其他职权，如无，应删除本项）。

第十六条 董事会会议由董事长召集和主持，董事长不能履行职务或者不履行职务的，由副董事长召集和主持；副董事长不能履行或者不履行职务的，由半数以上董事共同推举一名董事召集和主持。

第十七条 董事如不能出席董事会会议的，可以书面委托其他董事代为出席，由受托人依法行使委托书中载明的代理权限。非董事人员不得代理出席董事会。

第十八条 董事会对所议事项作出的决定由全体董事过半数（注：

可做不同约定，如全体董事三分之二以上）表决通过方为有效。

董事会应当将所议事项的决定做成会议记录，出席会议的董事应当在会议记录上签名。

董事会决议的表决，实行一人一票。

第十九条　公司股东会、董事会的决议内容违反法律、行政法规的无效。

股东会、董事会的会议召集程序、表决方式违反法律、行政法规或者公司章程，或者决议内容违反公司章程的，股东可以自决议作出之日起六十日内，请求人民法院撤销。

公司根据股东会、董事会决议已办理变更登记的，人民法院宣告该决议无效或者撤销该决议后，公司应当向公司登记机关申请撤销变更登记。

第二十条　公司设经理一名，由董事会决定聘任或者解聘。经理对董事会负责，行使下列职权：

（一）主持公司的生产经营管理工作，组织实施董事会决议。

（二）组织实施公司年度经营计划和投资方案。

（三）拟订公司内部管理机构设置方案。

（四）拟订公司的基本管理制度。

（五）制定公司的具体规章。

（六）提请聘任或者解聘公司副经理、财务负责人。

（七）决定聘任或者解聘除应由董事会决定聘任或者解聘以外的负责管理人员。

（八）董事会授予的其他职权。

（注：本章程可对上述八项职权另行约定）

经理列席董事会会议。

（注：经理非必设机构，如不设经理的，应删除本条）

第二十一条　公司不设监事会，设监事一人（注：最多二人，三人以上需设监事会），监事任期每届三年，任期届满，可以连任。

（注：有限责任公司，如设监事会，其成员不得少于三人，其中职工代表的比例不得低于三分之一，具体比例由公司章程规定。本章程中涉及监事的条款应相应调整）

监事任期届满未及时改选，在改选出的监事就任前，原监事仍应当依照法律、行政法规和公司章程的规定，履行监事职务。

董事、高级管理人员不得兼任监事。

第二十二条　公司监事行使下列职权：

（一）检查公司财务。

（二）对董事、高级管理人员执行公司职务的行为进行监督，对违反法律、行政法规、公司章程或者股东会决议的董事、高级管理人员提出罢免的建议。

（三）当董事、高级管理人员的行为损害公司的利益时，要求董事、高级管理人员予以纠正。

（四）提议召开临时股东会会议，在董事会不履行公司法规定的召集和主持股东会会议职责时召集和主持股东会会议。

（五）向股东会会议提出草案。

（六）依法对董事、高级管理人员提起诉讼。

（七）_____。（注：可以约定其他职权，如无，应删除本项）

第二十三条　监事可以列席董事会会议，并对董事会决议事项提出质询或者建议。

监事发现公司经营情况异常，可以进行调查；必要时，可以聘请会计师事务所等协助其工作，费用由公司承担。

第二十四条　公司监事行使职权所必需的费用，由公司承担。

第六章　公司法定代表人

第二十五条　公司法定代表人由董事长担任（注：也可以约定由经理担任）。

第七章　股权转让

第二十六条　股东之间可以相互转让其全部或者部分股权。

股东向股东以外的人转让股权，应当经其他股东过半数同意。股东应就其股权转让事项书面通知其他股东征求同意，其他股东自接到书面通知之日起满三十日未答复的，视为同意转让。其他股东半数以上不同意转让的，不同意的股东应当购买该转让的股权；不购买的，视为同意转让。

经股东同意转让的股权，在同等条件下，其他股东有优先购买权。两个以上股东主张行使优先购买权的，协商确定各自的购买比例；协商不成的，按照转让时各自的出资比例行使优先购买权。

（注：公司可根据实际需要不使用上述条款，对股权转让另行约定。需要注意，如涉及对股权的处分，如离职或者退休必须退股等，本章程应当经全体股东签署，否则可能被认定为无效）

第二十七条　转让股权后，公司应当注销原股东的出资证明书，向新股东签发出资证明书，并相应修改公司章程和股东名册中有关股东及其出资额的记载。对公司章程的该项修改不需再由股东会表决。

第二十八条　有下列情形之一的，对股东会该项决议投反对票的股东可以请求公司按照合理的价格收购其股权：

（一）公司连续五年不向股东分配利润，而公司该五年连续盈利，并且符合本法规定的分配利润条件的。

（二）公司合并、分立、转让主要财产的。

（三）公司章程规定的营业期限届满或者章程规定的其他解散事由出现，股东会会议通过决议修改章程使公司存续的。

合理的价格，是指上述股东会决议作出的上一年度末的公司净资产金额乘以收购的股权比例之积（注：本条款表述供参考，可做不同约定或者删除）。公司应当在因上述股权收购发生的公司变更登记完成后三十日内向被收购方支付股权收购价款。

第二十九条　自然人股东死亡后，其合法继承人可以继承股东资格。

（注：本条可以做相反约定，并规定该股权的处置方案。如：自然人股东死亡后，其合法继承人继承股东资格应当经其他股东同意。股东应就其股东资格继承事项书面通知其他股东，征求同意，其他股东自接到书面通知之日起满三十日未答复且公司股东会未作出减资决议的，视为同意继承。不同意的股东应当购买该自然人的股权，股权转让价格为自然人股东死亡的上一年度末的公司净资产金额乘以收购的股权比例之积；不购买的，视为同意继承。两个以上股东主张行使购买权的，协商确定各自的购买比例；协商不成的，按照转让时各自的出资比例行使优先购买权）

第八章　财务、会计、利润分配及劳动用工制度

第三十条　公司应当依照法律、行政法规和国务院财政主管部门的规定建立本公司的财务、会计制度，并应在每个会计年度终了时制作财务会计报告，并依法经会计事务所审计，于次年3月31日前将财务会计报告送交各股东。

（注：我国目前不强制要求所有公司出具年度审计报告，公司可根据实际情况进行确定）

第三十一条　公司分配当年税后利润时，应当提取利润的百分之十列入公司法定公积金。公司法定公积金累计额为公司注册资本的百分之五十以上的，可以不再提取。

公司的法定公积金不足以弥补以前年度亏损的，在依照前款规定提取法定公积金之前，应当先用当年利润弥补亏损。

公司从税后利润中提取法定公积金后，经股东会决议，还可以从税后利润中提取任意公积金。

公司弥补亏损和提取公积金后所余税后利润，公司按照股东实缴的出资比例（注：可以做不同约定，如认缴的出资比例，或者其他任何比例，但是要经全体股东一致同意）分配。但是，全体股东另有约定的除外。

第三十二条　公司聘用、解聘承办公司审计业务的会计师事务所由股东会（注：也可以约定为董事会）决定。

第三十三条　劳动用工制度按国家法律、法规及国务院劳动部门的有关规定执行。

第九章　公司解散和清算

第三十四条　公司的营业期限为长期（注：可约定固定期限，如二十年），自公司营业执照签发之日起计算。

第三十五条　公司因下列原因解散：

（一）公司营业期限届满。

（二）股东会决议解散。

（三）因公司合并或者分立需要解散。

（四）依法被吊销营业执照、责令关闭或者被撤销。

（五）人民法院依照公司法的规定予以解散。

公司营业期限届满时，可以通过修改公司章程而存续。

第三十六条　公司经营管理发生严重困难，继续存续会使股东利益受到重大损失，通过其他途径不能解决的，持有公司全部股东表决权百分之十以上的股东，可以请求人民法院解散公司。

第三十七条　公司因本章程第三十五条第一款第（一）项、第（二）项、第（四）项、第（五）项规定解散时，应当按照公司法的相关规定进行清算。

清算结束后，清算组应当制作清算报告，报股东会确认，并报送公司登记机关，申请注销公司登记，公告公司终止。

第三十八条　公司被依法宣告破产的，依照有关企业破产的法律实施破产清算。

第十章　董事、监事、高级管理人员的义务

第三十九条　高级管理人员，是指公司的经理、副经理、财务负责人（注：可补充约定其他人员）。

第四十条　董事、监事、高级管理人员应当遵守法律、行政法规和公司章程，对公司负有忠实义务和勤勉义务，不得利用职权收受贿赂或者其他非法收入，不得侵占公司的财产。

第四十一条　董事、高级管理人员不得有下列行为：

（一）挪用公司资金。

（二）将公司资金以其个人名义或者以其他个人名义开立账户存储。

（三）未经股东会同意，将公司资金借贷给他人或者以公司财产为他人提供担保。

（四）未经股东会同意，与本公司订立合同或者进行交易。

（五）未经股东会同意，利用职务便利为自己或者他人谋取属于公司的商业机会，自营或者为他人经营与所任职公司同类的业务。

（六）接受他人与公司交易的佣金归为己有。

（七）擅自披露公司秘密。

（八）违反对公司忠实义务的其他行为。

第四十二条　董事、监事、高级管理人员执行公司职务时违反法律、行政法规或者公司章程的规定，给公司造成损失的，应当承担赔偿责任。

第十一章　股东会认为需要规定的其他事项

第四十三条　公司以其全部财产对公司的债务承担责任，股东以其认缴的出资额为限对公司承担责任。

第四十四条　公司新增资本时，股东有权优先按照实缴的出资比例（注：可以另行约定，如认缴的出资比例，或者其他任何比例，但是经全体股东一致同意）认缴出资。但是，全体股东另有约定的除外。

第四十五条　股东未履行出资义务或者抽逃全部出资，经公司催告缴纳或者返还，其在合理期间内仍未缴纳或者返还出资的，公司可以股东会决议解除该股东的股东资格，该股东不得参加本事项的表决。上述股东会决议通过后，公司应当及时办理法定减资程序或者由其他股东或者第三人缴纳相应的出资。（注：供参考，可删除）

第四十六条　本章程中的各项条款与法律、法规、规章不符的，以法律、法规、规章的规定为准。

第四十七条　公司登记事项以公司登记机关核定的为准。公司根据需要修改公司章程而未涉及变更登记事项的，公司应将修改后的公司章程送公司登记机关备案；涉及变更登记事项的，同时应向公司登记机关作变更登记。

第四十八条　本章程自全体股东签字盖章后生效。

第四十九条　本章程一式____份，公司留存____份，并报公司登记机关备案一份。

公司：××××有限公司（盖章）

签字：_____

姓名：

职务：法定代表人

日期：

创始股东：×××（盖章）

签字：_____

姓名：

日期：

创始股东：×××（盖章）

签字：_____

姓名：

日期：